P9-EDW-030

SOBRE LOS ÁNGELES

SERMONES Y MORADAS

YO ERA UN TONTO
Y LO QUE HE VISTO
ME HA HECHO DOS TONTOS

CON LOS ZAPATOS PUESTOS
TENGO QUE MORIR

RAFAEL ALBERTI

SOBRE LOS ÁNGELES

SERMONES Y MORADAS

YO ERA UN TONTO
Y LO QUE HE VISTO
ME HA HECHO DOS TONTOS

CON LOS ZAPATOS PUESTOS
TENGO QUE MORIR

EDITORIAL SEIX BARRAL, S. A.
BARCELONA - CARACAS - MÉXICO

Sobre los ángeles
Primera edición: 1929
(Compañía Ibero-Americana de Publicaciones, S. A., Madrid)

Sermones y moradas,
Yo era un tonto y lo que he visto
me ha hecho dos tontos
y *Con los zapatos puestos tengo que morir,*
en *Poesía, 1924-1930*
Primera edición: 1935
(Cruz y Raya, Ediciones del Árbol, Madrid)

Diseño cubierta: △TRIANGLE
Sobre un dibujo de Antoni Tàpies

Primera edición: diciembre de 1977
Reimpresión: junio de 1978

Derechos exclusivos de edición
reservados para todos los países de habla española:
© 1977: Editorial Seix Barral, S. A.
Provenza, 219 - Barcelona

ISBN: 84 322 9514 0
Depósito legal: B. 19.748 - 1978

Printed in Spain

SOBRE LOS ÁNGELES

[1927-1928]

A JORGE GUILLÉN

...huésped de las tinieblas...
G. A. Bécquer

ENTRADA

PARAÍSO PERDIDO

A través de los siglos
por la nada del mundo,
yo, sin sueño, buscándote.

Tras de mí, imperceptible,
sin rozarme los hombros,
mi ángel muerto, vigía.

¿Adónde el Paraíso,
sombra, tú que has estado?
Pregunta con silencio.

Ciudades sin respuesta,
ríos sin habla, cumbres
sin ecos, mares mudos.

Nadie lo sabe. Hombres
fijos, de pie, a la orilla
parada de las tumbas,

me ignoran. Aves tristes,
cantos petrificados,
en éxtasis el rumbo,

ciegas. No saben nada.
Sin sol, vientos antiguos,
inertes, en las leguas

por andar, levantándose
calcinados, cayéndose
de espaldas, poco dicen.

Diluidos, sin forma
la verdad que en sí ocultan,
huyen de mí los cielos.

Ya en el fin de la Tierra,
sobre el último filo,
resbalando los ojos,

muerta en mí la esperanza,
ese pórtico verde
busco en las negras simas.

¡Oh boquete de sombras!
¡Hervidero del mundo!
¡Qué confusión de siglos!

¡Atrás, atrás! ¡Qué espanto
de tinieblas sin voces!
¡Qué perdida mi alma!

—Ángel muerto, despierta.
¿Dónde estás? Ilumina
con tu rayo el retorno.

Silencio. Más silencio.
Inmóviles los pulsos
del sinfín de la noche.

¡Paraíso perdido!
Perdido por buscarte,
yo, sin luz para siempre.

HUÉSPED DE LAS NIEBLAS

HUÉSPED DE LAS NIEBLAS

DESAHUCIO

Á NGELES malos o buenos,
que no sé,
te arrojaron en mi alma.

Sola,
sin muebles y sin alcobas,
deshabitada.

De rondón, el viento hiere
las paredes,
las más finas, vítreas láminas.

Humedad. Cadenas. Gritos.
Ráfagas.

Te pregunto:
¿cuándo abandonas la casa,
dime,
qué ángeles malos, crueles.
quieren de nuevo alquilarla?

Dímelo.

EL ÁNGEL DESCONOCIDO

¡Nostalgia de los arcángeles!
Yo era...
Miradme.

Vestido como en el mundo,
ya no se me ven las alas.
Nadie sabe cómo fui.
No me conocen.

Por las calles, ¿quién se acuerda?
Zapatos son mis sandalias.
Mi túnica, pantalones
y chaqueta inglesa.
Dime quién soy.

Y, sin embargo, yo era...

Miradme.

EL CUERPO DESHABITADO

1

Yo te arrojé de mi cuerpo,
yo, con un carbón ardiendo.

—Vete.

Madrugada.
La luz, muerta en las esquinas
y en las casas.
Los hombres y las mujeres
ya no estaban.

—Vete.

Quedó mi cuerpo vacío,
negro saco, a la ventana.

Se fue.

Se fue, doblando las calles.
Mi cuerpo anduvo, sin nadie.

2

Que cuatro sombras malas
te sacaron en hombros,
muerta.

De mi corazón, muerta,
perforando tus ojos
largas púas de encono
y olvido.

De olvido,
sin posible retorno.
Muerta.

Y entraste tú de pie,
bella.
Entraste tú, y ahora,
por los cielos peores,
tendida,
fea,
sola.

Tú.

Sola entre cuatro sombras.
Muerta.

3

¿Quién sacude en mi almohada
reinados de yel y sangre,
cielos de azufre,
mares de vinagre?

¿Qué voz difunta los manda?
Contra mí, mundos enteros,
contra mí, dormido,
maniatado,
indefenso.

Nieblas de a pie y a caballo,
nieblas regidas
por humos que yo conozco
en mí enterrados,
van a borrarme.

Y se derrumban murallas,
los fuertes de las ciudades
que me velaban.

Y se derrumban las torres,
las empinadas
centinelas de mi sueño.

Y el viento,
la tierra,
la noche.

4

Tú. Yo. (Luna.) Al estanque.
Brazos verdes y sombras
te apretaban el talle.

Recuerdo. No recuerdo.
¡Ah, sí! Pasaba un traje
deshabitado, hueco,
cal muerta, entre los árboles.

Yo seguía... Dos voces
me dijeron que a nadie.

5

Dándose contra los quicios,
contra los árboles.

La luz no le ve, ni el viento,
ni los cristales.
Ya, ni los cristales.

No conoce las ciudades.
No las recuerda.
Va muerto.
Muerto, de pie, por las calles.

No le preguntéis. ¡Prendedle!
No, dejadle.

Sin ojos, sin voz, sin sombra.
Ya, sin sombra.
Invisible para el mundo,
para nadie.

6

I

Llevaba una ciudad dentro.
La perdió.
Le perdieron.

Solo, en el filo del mundo,
clavado ya, de yeso.
No es un hombre, es un boquete
de humedad, negro,
por el que no se ve nada.

Grito.
¡Nada!

Un boquete, sin eco.

7

II

Llevaba una ciudad dentro.
Y la perdió sin combate.
Y le perdieron.

Sombras vienen a llorarla,
a llorarle.

—Tú, caída,
tú, derribada,
tú,
la mejor de las ciudades.

Y tú, muerto,
tú, una cueva,
un pozo tú, seco.

Te dormiste.
Y ángeles turbios, coléricos,
la carbonizaron.
Te carbonizaron tu sueño.

Y ángeles turbios, coléricos,
carbonizaron tu alma,
tu cuerpo.

8

(VISITA)

Humo. Niebla. Sin forma,
saliste de mi cuerpo,
funda vacía, sola.

Sin herir los fanales
nocturnos de la alcoba,
por la ciudad del aire.

De la mano del yelo,
las deslumbradas calles.
humo, niebla, te vieron.

Y hundirte en la velada,
fría luz en silencio
de una oculta ventana.

EL ÁNGEL BUENO

Un año, ya dormido,
alguien que no esperaba
se paró en mi ventana.

—¡Levántate! Y mis ojos
vieron plumas y espadas.

Atrás, montes y mares,
nubes, picos y alas,
los ocasos, las albas.

—¡Mírala ahí! Su sueño,
pendiente de la nada.

—¡Oh anhelo, fijo mármol,
fija luz, fijas aguas
movibles de mi alma!

Alguien dijo: ¡Levántate!
Y me encontré en tu estancia.

MADRIGAL SIN REMEDIO

Porque al fin te perdieron fuegos tristes
    y humos lentos velaron,
vedaron el castillo, nívea cárcel,
donde la rosa olvida sus fantasmas,

mi corazón, sin voz, ni batallones,
    viene solo al asalto
de esas luces, espejos de ceniza,
llevadoras a un muerto sur de muertes.

Ve su pecho ascendido en dos arroyos
    de agua y sangre, hacia el tuyo
quemado ya por huecos tizos fáciles,
falsos, flor, pena mía, sin remedio.

JUICIO

¡Oh sorpresa de nieve desceñida,
    vigilante, invasora!
Voces veladas, por robar la aurora,
    te llevan detenida.

Ya el fallo de la luz hunde su grito,
    juez de sombra, en tu nada.
(Y en el mundo una estrella fue apagada.
    Otra, en el infinito.)

LOS ÁNGELES BÉLICOS

(NORTE, SUR)

VIENTO contra viento.
Yo, torre sin mando, en medio.

Remolinos de ciudades
bajan los desfiladeros.
Ciudades del viento sur,
que me vieron.

Por las neveras, rodando,
pueblos.
Pueblos que yo desconozco,
ciudades del viento norte,
que no me vieron.

Gentío de mar y tierra,
nombres, preguntas, recuerdos,
frente a frente.
Balumbas de frío encono,
cuerpo a cuerpo.

Yo, torre sin mando, en medio,
lívida torre colgada
de almas muertas que me vieron,
que no me vieron.

Viento contra viento.

EL ÁNGEL DE LOS NÚMEROS

Vírgenes con escuadras
y compases, velando
las celestes pizarras.

Y el ángel de los números,
pensativo, volando
del 1 al 2, del 2
al 3, del 3 al 4.

Tizas frías esponjas
rayaban y borraban
la luz de los espacios.

Ni sol, luna, ni estrellas,
ni el repentino verde
del rayo y el relámpago,
ni el aire. Sólo nieblas.

Vírgenes sin escuadras,
sin compases, llorando.

Y en las muertas pizarras,
el ángel de los números,
sin vida, amortajado
sobre el 1 y el 2,
sobre el 3, sobre el 4...

CANCIÓN DEL ÁNGEL SIN SUERTE

Tú ERES lo que va:
agua que me lleva,
que me dejará.

Buscadme en la ola.

Lo que va y no vuelve:
viento que en la sombra
se apaga y se enciende.

Buscadme en la nieve.

Lo que nadie sabe:
tierra movediza
que no habla con nadie.

Buscadme en el aire.

EL ÁNGEL DESENGAÑADO

QUEMANDO los fríos,
tu voz prendió en mí:
ven a mi país.

Te esperan ciudades,
sin vivos ni muertos,
para coronarte.

—Me duermo.
No me espera nadie.

EL ÁNGEL MENTIROSO

Y FUI derrotada
yo, sin violencia,
con miel y palabras.

Y, sola, en provincias
de arena y de viento,
sin hombre, cautiva.

Y, sombra de alguien,
cien puertas de siglos
tapiaron mi sangre.

¡Ay luces! ¡Conmigo!

Que fui derrotada
yo, sin violencia,
con miel y palabras.

INVITACIÓN AL AIRE

Te invito, sombra, al aire.
Sombra de veinte siglos,
a la verdad del aire,
del aire, aire, aire.

Sombra que nunca sales
de tu cueva, y al mundo
no devolviste el silbo
que al nacer te dio el aire,
el aire, aire, aire.

Sombra sin luz, minera
por las profundidades
de veinte tumbas, veinte
siglos huecos sin aire,
sin aire, aire, aire.

¡Sombra, a los picos, sombra,
de la verdad del aire,
del aire, aire, aire!

LOS ÁNGELES MOHOSOS

Hubo luz que trajo
por hueso una almendra amarga.

Voz que por sonido,
el fleco de la lluvia,
cortado por un hacha.

Alma que por cuerpo,
la funda de aire
de una doble espada.

Venas que por sangre,
yel de mirra y de retama.

Cuerpo que por alma,
el vacío, nada.

EL ÁNGEL CENICIENTO

PRECIPITADAS las luces
por los derrumbos del cielo,
en la barca de las nieblas
bajaste tú, Ceniciento.

Para romper cadenas
y enfrentar a la tierra contra el viento.

Iracundo, ciego.

Para romper cadenas
y enfrentar a los mares contra el fuego.

Dando bandazos el mundo,
por la nada rodó, muerto.
No se enteraron los hombres.
Sólo tú y yo, Ceniciento.

EL ÁNGEL RABIOSO

Son puertas de sangre,
milenios de odios,
lluvias de rencores, mares.

¿Qué te hice, dime
para que los saltes?
¿Para que con tu agrio aliento
me incendies todos mis ángeles?

Hachas y relámpagos
de poco me valen.
Noches armadas, ni vientos
leales.

Rompes y me asaltas.
Cautivo me traes
a tu luz, que no es la mía,
para tornearme.

A tu luz agria, tan agria,
que no muerde nadie.

EL ÁNGEL BUENO

DENTRO del pecho se abren
corredores anchos, largos,
que sorben todas las mares.

Vidrieras,
que alumbran todas las calles.

Miradores,
que acercan todas las torres.

Ciudades deshabitadas
se pueblan, de pronto. Trenes
descarrilados, unidos
marchan.

Naufragios antiguos flotan.
La luz moja el pie en el agua.

¡Campanas!

Gira más de prisa el aire.
El mundo, con ser el mundo,
en la mano de una niña
cabe.

¡Campanas!

Una carta del cielo bajó un ángel.

HUÉSPED DE LAS NIEBLAS

LOS DOS ÁNGELES

Ángel de luz, ardiendo,
¡oh, ven!, y con tu espada
incendia los abismos donde yace
mi subterráneo ángel de las nieblas.

¡Oh espadazo en las sombras!
Chispas múltiples,
clavándose en mi cuerpo,
en mis alas sin plumas,
en lo que nadie ve,
vida.

Me estás quemando vivo.
Vuela ya de mí, oscuro
Luzbel de las canteras sin auroras,
de los pozos sin agua,
de las simas sin sueño,
ya carbón del espíritu,
sol, luna.

Me duelen los cabellos
y las ansias. ¡Oh, quémame!
¡Más, más, sí, sí, más! ¡Quémame!

¡Quémalo, ángel de luz, custodio mío,
tú que andabas llorando por las nubes,
tú, sin mí, tú, por mí,

ángel frío de polvo, ya sin gloria,
volcado en las tinieblas!

¡Quémalo, ángel de luz,
quémame y huye!

CINCO manos de ceniza,
quemando la bruma, abriendo
cinco vías
para el agua turbia,
para el turbio viento.

Te buscan vivo.
Y no te encuentran.
Te buscan muerto.
No muerto, dormido.
Y sí.

Y sí, porque cinco manos
cayeron sobre tu cuerpo
cuando inmóvil resbalaba
sobre los cinco navegables ríos
que dan almas corrientes, voz al sueño.

Y no viste.
Era su luz la que cayó primero.
Mírala, seca, en el suelo.

Y no oíste.
Era su voz la que alargada hirieron.
Óyela muda, en el eco.

Y no oliste.
Era su esencia la que hendió el silencio.
Huélela fría, en el viento.

Y no gustaste.
Era su nombre el que rodó deshecho.
Gústalo en tu lengua, muerto.

Y no tocaste.
El desaparecido era su cuerpo.
Tócalo en la nada, yelo.

LOS ÁNGELES DE LA PRISA

Espíritus de seis alas,
seis espíritus pajizos,
me empujaban.

Seis ascuas.

Acelerado aire era mi sueño
por las aparecidas esperanzas
de los rápidos giros de los cielos,
de los veloces, espirales pueblos,
rodadoras montañas,
raudos mares, riberas, ríos, yermos.

Me empujaban.

Enemiga era la tierra,
porque huía.
Enemigo el cielo,
porque no paraba.
Y tú, mar,
y tú, fuego,
y tú,
acelerado aire de mi sueño.

Seis ascuas,
oculto el nombre y las caras,
empujándome de prisa.

¡Paradme!
Nada.
¡Paradme todo, un momento!
Nada.

No querían
que yo me parara en nada.

LOS ÁNGELES CRUELES

PÁJAROS, ciegos los picos
de aquel tiempo.
Perforados,
por un rojo alambre en celo,
la voz y los albedríos,
largos, cortos, de sus sueños:
la mar, los campos, las nubes,
el árbol, el arbolillo...
Ciegos, muertos.

¡Volad!
—No podemos.
¿Cómo quieres que volemos?

Jardines que eran el aire
de aquel tiempo.
Cañas de la ira nocturna,
espolazos de los torpes,
turbios vientos,
que quieren ser hojas, flor,
que quieren...
¡Jardines del sur, deshechos!
Del sur, muertos.

¡Airead!
—No podemos.
¿Cómo quieres que aireemos?

En tus manos,
aún calientes, de aquel tiempo,
alas y hojas difuntas.

Enterremos.

EL ÁNGEL ÁNGEL

Y EL MAR fue y le dio un nombre
y un apellido el viento.
y las nubes un cuerpo
y un alma el fuego.

La tierra, nada.

Ese reino movible,
colgado de las águilas,
no la conoce.

Nunca escribió su sombra
la figura de un hombre.

ENGAÑO

ALGUIEN detrás, a tu espalda,
tapándote los ojos con palabras.

Detrás de ti, sin cuerpo,
sin alma.
Ahumada voz de sueño
cortado.
Ahumada voz
cortada.

Con palabras, vidrios falsos.

Ciega, por un túnel de oro,
de espejos malos,
con la muerte
darás en un subterráneo.

Tú allí sola, con la muerte,
en un subterráneo.

Y alguien detrás, a tu espalda,
siempre.

EL ÁNGEL DE CARBÓN

Feo, de hollín y fango.
¡No verte!

Antes, de nieve, áureo,
en trineo por mi alma.
Cuajados pinos. Pendientes.

Y ahora por las cocheras,
de carbón, sucio.
¡Te lleven!

Por los desvanes de los sueños rotos.
Telarañas. Polillas. Polvo.
¡Te condenen!

Tiznados por tus manos,
mis muebles, mis paredes.

En todo,
tu estampado recuerdo
de tinta negra y barro.
¡Te quemen!

Amor, pulpo de sombra,
malo.

EL ÁNGEL DE LA IRA

Sin dueño, entre las ortigas,
piedra por pulir, brillabas.

Pie invisible.
(Entre las ortigas, nada.)
Pie invisible de la ira.

Lenguas de légamo, hundidas,
sordas, recordaron algo.

Ya no estabas.
¿Qué recordaron?

Se movió mudo el silencio
y dijo algo.
No dijo nada.

Sin saberlo,
mudó de rumbo mi sangre,
y en los fosos
gritos largos se cayeron.

Para salvar mis ojos,
para salvarte a ti que...

Secreto.

EL ÁNGEL ENVIDIOSO

Leñadoras son, ¡defiéndete!,
esas silbadoras hachas
que mueven mi lengua.

Hoces de los vientos malos,
¡alerta!,
que muerden mi alma.

Torre de desconfianza,
tú.
Tú, torre del oro, avara.
Ciega las ventanas.

O no, mira.

Hombres arrasados, fijos,
por las ciudades taladas.
Pregúntales.

O no, escucha.

Un cielo, verde de envidia,
rebosa mi boca y canta.

Yo, un cielo...

Ni escuches ni mires. Yo...
Ciega las ventanas.

LOS ÁNGELES VENGATIVOS

No, no te conocieron
las almas conocidas.
Sí la mía.

¿Quién eres tú, dinos, que no te recordamos
ni de la tierra ni del cielo?

Tu sombra, dinos, ¿de qué espacio?
¿Qué luz la prolongó, habla,
hasta nuestro reinado?

¿De dónde vienes, dinos,
sombra sin palabras,
que no te recordamos?
¿Quién te manda?
Si relámpago fuiste en algún sueño,
relámpagos se olvidan, apagados.

Y por desconocida,
las almas conocidas te mataron.
No la mía.

CAN DE LLAMAS

Sur.
Campo metálico, seco.
Plano, sin alma, mi cuerpo.

Centro.
Grande, tapándolo todo,
la sombra fija del perro.

Norte.
Espiral sola mi alma,
jaula buscando a su sueño.

¡Salta sobre los dos! ¡Hiérelos!
¡Sombra del can, fija, salta!
¡Únelos, sombra del perro!

Riegan los aires aullidos
dentados de agudos fuegos.

¡Norte!
Se agiganta el viento norte...
Y huye el alma.

¡Sur!
Se agiganta el viento sur...
Y huye el cuerpo.

¡Centro!
Y huye, centro,
candente, intensa, infinita,
la sombra inmóvil del perro.
Su sombra fija.

Campo metálico, seco.
Sin nadie.
Seco.

EL ÁNGEL TONTO

Ese ángel,
ese que niega el limbo de su fotografía
y hace pájaro muerto
su mano.

Ese ángel que teme que le pidan las alas,
que le besen el pico,
seriamente,
sin contrato.

Si es del cielo y tan tonto,
¿por qué en la tierra? Dime.
Decidme.

No en las calles, en todo,
indiferente, necio,
me lo encuentro.

¡El ángel tonto!

¡Si será de la tierra!
—Sí, de la tierra sólo.

EL ÁNGEL DEL MISTERIO

UN SUEÑO sin faroles y una humedad de olvidos,
pisados por un nombre y una sombra.
No sé si por un nombre o muchos nombres,
si por una sombra o muchas sombras.
Reveládmelo.

Sé que habitan los pozos frías voces,
que son de un solo cuerpo o muchos cuerpos,
de un alma sola o muchas almas.
No sé.
Decídmelo.

Que un caballo sin nadie va estampando
a su amazona antigua por los muros.
Que en las almenas grita, muerto, alguien
que yo toqué, dormido, en un espejo,
que yo, mudo, le dije...
No sé.
Explicádmelo.

ASCENSIÓN

AzOTANDO, hiriendo las paredes, las humedades,
se oyeron silbar cuerdas,
alargadas preguntas entre los musgos y la oscuridad colgante.
Se oyeron.
Las oíste.

Garfios mudos buceaban
el silencio estirado del agua, buscándote.
Tumba rota,
el silencio estirado del agua.
Y cuatro boquetes, buscándote.

Ecos de alma hundida en un sueño moribundo,
de alma que ya no tiene que perder tierras ni mares,
cuatro ecos, arriba, escapándose.

A la luz,
a los cielos,
a los aires.

LOS ÁNGELES MUDOS

INMÓVILES, clavadas, mudas mujeres de los zaguanes
y hombres sin voz, lentos, de las bodegas,
quieren, quisieran, querrían preguntarme:

—¿Cómo tú por aquí y en otra parte?
Querrían hombres, mujeres, mudos, tocarme,
saber si mi sombra, si mi cuerpo andan sin alma
por otras calles.
Quisieran decirme:
—Si eres tú, párate.

Hombres, mujeres, mudos, querrían ver claro.
asomarse a mi alma,
acercarle una cerilla
por ver si es la misma.
Quieren, quisieran...
—Habla.

Y van a morirse, mudos.
sin saber nada.

EL ALMA EN PENA

Esa alma en pena, sola,
esa alma en pena siempre perseguida
por un resplandor muerto.
Por un muerto.

Cerrojos, llaves, puertas
saltan a deshora
y cortinas heladas en la noche se alargan,
se estiran,
se incendian,
se prolongan.

Te conozco,
te recuerdo,
bujía inerte, lívido halo, nimbo difunto,
te conozco aunque ataques diluido en el viento.

Párpados desvelados
vienen a tierra.
Sísmicos latigazos tumban sueños,
terremotos derriban las estrellas.
Catástrofes celestes tiran al mundo escombros,
alas rotas, laúdes, cuerdas de arpas,
restos de ángeles.

No hay entrada en el cielo para nadie.

En pena, siempre en pena,
alma perseguida.
A contraluz siempre,
nunca alcanzada, sola,
alma sola.

Aves contra barcos,
hombres contra rosas,
las perdidas batallas en los trigos,
la explosión de la sangre en las olas.
Y el fuego.
El fuego muerto,
el resplandor sin vida,
siempre vigilante en la sombra.

Alma en pena:
el resplandor sin vida,
tu derrota.

EL ÁNGEL BUENO

VINO el que yo quería,
el que yo llamaba.

No aquel que barre cielos sin defensas,
luceros sin cabañas,
lunas sin patria,
nieves.
Nieves de esas caídas de una mano,
un nombre,
un sueño,
una frente.

No aquel que a sus cabellos
ató la muerte.

El que yo quería.

Sin arañar los aires,
sin herir hojas ni mover cristales.

Aquel que a sus cabellos
ató el silencio.

Para, sin lastimarme,
cavar una ribera de luz dulce en mi pecho
y hacerme el alma navegable.

EL ÁNGEL AVARO

GENTES de las esquinas
de pueblos y naciones que no están en el mapa,
comentaban.

Ese hombre está muerto
y no lo sabe.
Quiere asaltar la banca,
robar nubes, estrellas, cometas de oro,
comprar lo más difícil:
el cielo.
Y ese hombre está muerto.

Temblores subterráneos le sacuden la frente.
Tumbos de tierra desprendida,
ecos desvariados,
sones confusos de piquetas y azadas,
los oídos.
Los ojos,
luces de acetileno,
húmedos, áureas galerías.
El corazón,
explosiones de piedras, júbilos, dinamita.

Sueña con las minas.

LOS ÁNGELES SONÁMBULOS

1

PENSAD en aquella hora:
cuando se rebelaron contra un rey en tinieblas
los ojos invisibles de las alcobas.

Lo sabéis, lo sabéis. ¡Dejadme!
Si a lo largo de mí se abren grietas de nieve,
tumbas de aguas paradas,
nebulosas de sueños oxidados,
echad la llave para siempre a vuestros párpados.
¿Qué queréis?

Ojos invisibles, grandes, atacan.
Púas incandescentes se hunden en los tabiques.
Ruedan pupilas muertas,
sábanas.

Un rey es un erizo de pestañas.

2

También,
también los oídos invisibles de las alcobas.
contra un rey en tinieblas.

Ya sabéis que mi boca es un pozo de nombres,
de números y letras difuntos.
Que los ecos se hastían sin mis palabras
y lo que jamás dije desprecia y odia al viento.
Nada tenéis que oír.
¡Dejadme!

Pero oídos se agrandan contra el pecho.
De escayola, fríos,
bajan a la garganta,
a los sótanos lentos de la sangre,
a los tubos de los huesos.

Un rey es un erizo sin secreto

Amable lector:

Esta tarjeta que Vd. ha encontrado en **SU LIBRO, LE DA DERECHO** a recibir
información completa y detallada sobre:

☐ Literatura española e Hispanoameri-
  cana
☐ Novela extranjera
☐ Ensayo y crítica

☐ Historia
☐ Política
☐ Filosofía, Psicología, Pedagogía
☐ Sociología, Antropología

☐ Derecho
☐ Economía
☐ Economía de la Empresa y Seguros

☐ Geografía
☐ Ciencias y Técnica

☐ Y también a recibir información periódica de Novedades.

SOLICITELAS

ESTARAN SIEMPRE A SU DISPOSICION.

Gracias

REMITENTE

1 2 3 4 5

Nombre ....

Profesión ....

Dirección ....

Población .... Provincia ....

■ ■ ■ ■ ■ ■ ■ ■ ■ ■ ■ ■ ■ ■

TARJETA
POSTAL

EDITORIAL ARIEL, S. A.
EDITORIAL SEIX BARRAL, S. A.

Apartado F. D. 5023
BARCELONA

A
FRANQUEAR
EN
DESTINO

HUÉSPED DE LAS NIEBLAS

HUÉSPED DE LAS NIEBLAS

TRES RECUERDOS DEL CIELO

Homenaje a Gustavo Adolfo Bécquer

PRÓLOGO

No habían cumplido años ni la rosa ni el arcángel.
Todo, anterior al balido y al llanto.
Cuando la luz ignoraba todavía
si el mar nacería niño o niña.
Cuando el viento soñaba melenas que peinar
y claveles el fuego que encender y mejillas
y el agua unos labios parados donde beber.
Todo, anterior al cuerpo, al nombre y al tiempo.

Entonces, yo recuerdo que, una vez, en el cielo...

PRIMER RECUERDO

...una azucena tronchada...
G. A. BÉCQUER

Paseaba con un dejo de azucena que piensa,
casi de pájaro que sabe ha de nacer.
Mirándose sin verse a una luna que le hacía espejo el sueño
y a un silencio de nieve, que le elevaba los pies.
A un silencio asomada.
Era anterior al arpa, a la lluvia y a las palabras.
No sabía.

Blanca alumna del aire,
temblaba con las estrellas, con la flor y los árboles.
Su tallo, su verde talle.
Con las estrellas mías
que, ignorantes de todo,
por cavar dos lagunas en sus ojos
la ahogaron en dos mares.

Y recuerdo...

Nada más: muerta, alejarse.

SEGUNDO RECUERDO

...rumor de besos y batir de alas...
G. A. Bécquer

También antes,
mucho antes de la rebelión de las sombras,
de que al mundo cayeran plumas incendiadas
y un pájaro pudiera ser muerto por un lirio.
Antes, antes que tú me preguntaras
el número y el sitio de mi cuerpo.
Mucho antes del cuerpo.
En la época del alma.
Cuando tú abriste en la frente sin corona, del cielo,
la primera dinastía del sueño.
Cuando tú, al mirarme en la nada,
inventaste la primera palabra.

Entonces, nuestro encuentro.

TERCER RECUERDO

...detrás del abanico
de plumas de oro...
G. A. BÉCQUER

Aún los valses del cielo no habían desposado al jazmín y la
    nieve,
ni los aires pensado en la posible música de tus cabellos,
ni decretado el rey que la violeta se enterrara en un libro.
No.
Era la era en que la golondrina viajaba
sin nuestras iniciales en el pico.
En que las campanillas y las enredaderas
morían sin balcones que escalar y estrellas.

La era
en que al hombro de un ave no había flor que apoyara la ca-
    beza.

Entonces, detrás de tu abanico, nuestra luna primera.

EL ÁNGEL DE ARENA

Seriamente, en tus ojos era la mar dos niños que me espia-
    ban,
temerosos de lazos y palabras duras.
Dos niños de la noche, terribles, expulsados del cielo,
cuya infancia era un robo de barcos y un crimen de soles y de
    lunas.
Duérmete. Ciérralos.

Vi que el mar verdadero era un muchacho que saltaba des-
    nudo,
invitándome a un plato de estrellas y a un reposo de algas.
¡Sí, sí! Ya mi vida iba a ser, ya lo era, litoral desprendido.
Pero tú, despertando, me hundiste en tus ojos.

EL ALBA DENOMINADORA

A EMBESTIDAS suaves y rosas, la madrugada te iba poniendo nombres:
Sueño equivocado, Ángel sin salida, Mentira de lluvia en bosque.

Al lindero de mi alma que recuerda los ríos,
indecisa, dudó, inmóvil:
¿Vertida estrella, Confusa luz en llanto, Cristal sin voces?

No.
Error de nieve en agua, tu nombre.

EL MAL MINUTO

Cuando para mí eran los trigos viviendas de astros y de
    dioses
y la escarcha los lloros helados de una gacela,
alguien me enyesó el pecho y la sombra,
traicionándome.

Ese minuto fue el de las balas perdidas,
el del secuestro, por el mar, de los hombres que quisieron ser
    pájaros,
el del telegrama a deshora y el hallazgo de sangre,
el de la muerte del agua que siempre miró al cielo.

EL ÁNGEL DE LAS BODEGAS

1

Fue cuando la flor del vino se moría en penumbra
y dijeron que el mar la salvaría del sueño.
Aquel día bajé a tientas a tu alma encalada y húmeda.
Y comprobé que un alma oculta frío y escaleras
y que más de una ventana puede abrir con su eco otra voz, si
     es buena.

Te vi flotar a ti, flor de agonía, flotar sobre tu mismo espíritu.
(Alguien había jurado que el mar te salvaría del sueño.)
Fue cuando comprobé que murallas se quiebran con suspiros
y que hay puertas al mar que se abren con palabras.

2

La flor del vino, muerta en los toneles,
sin haber visto nunca la mar, la nieve.

La flor del vino, sin probar el té,
sin haber visto nunca un piano de cola.

Cuatro arrumbadores encalan los barriles.
Los vinos dulces, llorando, se embarcan a deshora.

La flor del vino blanco, sin haber visto el mar, muerta.
Las penumbras se beben el aceite y un ángel la cera.

He aquí paso a paso toda mi larga historia.
Guardadme el secreto, aceitunas, abejas.

MUERTE Y JUICIO

I

(MUERTE)

A un niño, a un solo niño que iba para piedra nocturna,
para ángel indiferente de una escala sin cielo...
Mirad. Conteneos la sangre, los ojos.
A sus pies, él mismo, sin vida.
No aliento de farol moribundo
ni jadeada amarillez de noche agonizante,
sino dos fósforos fijos de pesadilla eléctrica,
clavados sobre su tierra en polvo, juzgándola.
Él, resplandor sin salida, lividez sin escape, yacente, juzgán-
dose.

2

(JUICIO)

Tizo electrocutado, infancia mía de ceniza, a mis pies, tizo yacente.
Carbunclo hueco, negro, desprendido de un ángel que iba
para piedra nocturna,
para límite entre la muerte y la nada.
Tú: yo: niño.

Bambolea el viento un vientre de gritos anteriores al mundo,
a la sorpresa de la luz en los ojos de los recién nacidos,

al descenso de la vía láctea a las gargantas terrestres.
Niño.

Una cuna de llamas, de norte a sur,
de frialdad de tiza amortajada en los yelos
a fiebre de paloma agonizando en el área de una bujía,
una cuna de llamas, meciéndote las sonrisas, los llantos.
Niño.

Las primeras palabras, abiertas en las penumbras de los sue-
    ños sin nadie,
en el silencio rizado de las albercas o en el eco de los jardines,
devoradas por el mar y ocultas hoy en un hoyo sin viento.
Muertas, como el estreno de tus pies en el cansancio frío de
    una escalera.
Niño.

Las flores, sin piernas para huir de los aires crueles,
de su espoleo continuo al corazón volante de las nieves y los
    pájaros,
desangradas en un aburrimiento de cartillas y pizarrines.
4 y 4 son 18. Y la X, una K, una H, una J.
Niño.

En un trastorno de ciudades marítimas sin crepúsculos,
de mapas confundidos y desiertos barajados,
atended a unos ojos que preguntan por los afluentes del cielo,
a una memoria extraviada entre nombres y fechas.
Niño.

Perdido entre ecuaciones, triángulos, fórmulas y precipitados
    azules,
entre el suceso de la sangre, los escombros y las coronas
    caídas,
cuando los cazadores de oro y el asalto a la banca,

en el rubor tardío de las azoteas
voces de ángeles te anunciaron la botadura y pérdida de tu
    alma.
Niño.

Y como descendiste al fondo de las mareas,
a las urnas donde el azogue, el plomo y el hierro pretenden
    ser humanos,
tener honores de vida,
a la deriva de la noche tu traje fue dejándote solo.
Niño.

Desnudo, sin los billetes de inocencia fugados en sus bolsillos,
derribada en tu corazón y sola su primera silla,
no creíste ni en Venus que nacía en el compás abierto de tus
    brazos
ni en la escala de plumas que tiende el sueño de Jacob al de
    Julio Verne.
Niño.

Para ir al infierno no hace falta cambiar de sitio ni postura.

EXPEDICIÓN

PORQUE resbalaron hacia el frío los ángeles y las casas,
el ánade y el abeto durmieron nostálgicos aquella noche.
Se sabía que el humo viajaba sin fuego,
que por cada tres osos la luna había perdido seis guardabos-
    ques.

Desde lejos, desde muy lejos,
mi alma desempañaba los cristales del tranvía
para hundirse en la niebla movible de los faroles.
La guitarra en la nieve sepultaba a una rosa.
La herradura a una hoja seca.
Un sereno es un desierto.

Se ignora el paradero de la Virgen y las ocas,
la guarida de la escarcha y la habitación de los vientos.
No se sabe si el sur emigró al norte o al oeste,
10.000 dólares de oro a quien se case con la nieve.

Pero he aquí a Eva Gúndersen.

LOS ÁNGELES COLEGIALES

Ninguno comprendíamos el secreto nocturno de las pizarras
ni por qué la esfera armilar se exaltaba tan sola cuando la mi-
rábamos.
Sólo sabíamos que una circunferencia puede no ser redonda
y que un eclipse de luna equivoca a las flores
y adelanta el reloj de los pájaros.

Ninguno comprendíamos nada:
ni por qué nuestros dedos eran de tinta china
y la tarde cerraba compases para al alba abrir libros.
Sólo sabíamos que una recta, si quiere, puede ser curva o que-
brada
y que las estrellas errantes son niños que ignoran la arit-
mética.

NOVELA

EN LA NOCHE de aquella luna 24,
llovieron en mi cama hojas de cielos marchitos.
A mi alma desprevenida le robaron las palabras.
Su cuerpo fue enterrado a sus pies en un libro.
Era la orden de un monarca.

En el alba de aquella luna 24,
la justicia del frío le cedió el aire de un árbol.
A su sombra, los trineos perdidos
adivinaban rastros de suspiros,
de lloros extraviados.
En su sombra se oía el silencio de los castillos.

En el día de aquella luna 24,
fue ajusticiada mi alma por la niebla
que un suicida lento de noviembre
había olvidado en mi estancia.
Era la última voluntad de un monarca.

NIEVE VIVA

Sin mentir, ¡qué mentira de nieve anduvo muda por mi
   sueño!
Nieve sin voz, quizás de ojos azules, lenta y con cabellos.
¿Cuándo la nieve al mirar distraída movió bucles de fuego?
Anduvo muda blanqueando las preguntas que no se respon-
   dieron,
los olvidados y borrados sepulcros para estrenar nuevos recuerdos.
Dando a cenizas, ya en el aire, forma de luz sin hueso.

INVITACIÓN AL ARPA

1

Lejos, lejos.
Adonde las estancias olvidan guantes de polvo
y las consolas sueñan párpados y nombres ya idos.
Un sombrero se hastía
y unos lazos sin bucles se cansan.
Si las violetas se aburren,
es porque están nostálgicas de moaré y abanicos.

Lejos, más lejos.
A los cielos rasos donde las goteras
abren sus mapas húmedos para que viajen los lechos.
Adonde los muelles se hunden sin esperanza
y rostros invisibles avetan los espejos.

Al país de las telas de araña.

2

Más lejos, mucho más lejos.
A la luna disecada entre la hoja de un álamo y la pasión de un
    libro.
Sé que hay yelos nocturnos que ocultan candelabros
y que la muerte tiembla en el sueño movible de las bujías.
Un maniquí de luto agoniza sobre un nardo.
Una voz desde el olvido mueve el agua dormida de los
    pianos.

Siempre, siempre más lejos.
Adonde las maderas guardan ecos y sombras de pasos,
adonde las polillas desvelan el silencio de las corbatas,
adonde todo un siglo es un arpa en abandono.

LUNA ENEMIGA

Como al chocar los astros contra mi pecho no veía,
fui hundiéndome de espaldas en los cielos pasados.
Diez reyes del otoño contra mí se rebelaron.
Ángeles y traiciones siempre aceleran las caídas.
Una hoja, un hombre.
En tu órbita se quemaba mi sangre, luna enemiga.

Salvadme de los años en estado de nebulosa,
de los espejos que pronuncian trajes y páginas desvanecidos,
de las manos estampadas en los recuerdos que bostezan.
Huid.
Nos entierran en viento enemigo.

Y es que mi alma ha olvidado las reglas.

CASTIGOS

Es cuando golfos y bahías de sangre,
coagulados de astros difuntos y vengativos,
inundan los sueños.
Cuando golfos y bahías de sangre
atropellan la negación de los hechos
y a la diestra del mundo muere olvidado un ángel.
Cuando saben a azufre los vientos
y las bocas nocturnas a hueso, vidrio y alambre.
Oídme.

Yo no sabía que las puertas cambiaban de sitio,
que las almas podían ruborizarse de sus cuerpos,
ni que al final de un túnel la luz traía la muerte.
Oídme aún.

Quieren huir los que duermen.
Pero esas tumbas del mar no son fijas,
esas tumbas que se abren por abandono y cansancio del cielo
  no son estables,
y las albas tropiezan con rostros desfigurados.
Oídme aún. Más todavía.

Hay noches en que las horas se hacen de piedra en los espacios,
en que las venas no andan
y los silencios yerguen siglos y dioses futuros.
Un relámpago baraja las lenguas y trastorna las palabras.

85

Pensad en las esferas derruidas,
en las órbitas secas de los hombres deshabitados,
en los milenios mudos.
Más, más todavía. Oídme.

Se ve que los cuerpos no están en donde estaban,
que la luna se enfría de ser mirada
y que el llanto de un niño deforma las constelaciones.
Cielos enmohecidos nos oxidan las frentes desiertas,
donde cada minuto sepulta su cadáver sin nombre.
Oídme, oídme por último.

Porque siempre hay un último posterior a la caída de los
      páramos,
al advenimiento del frío en los sueños que se descuidan,
a los derrumbos de la muerte sobre el esqueleto de la nada.

EL ÁNGEL FALSO

PARA que yo anduviera entre los nudos de las raíces
y las viviendas óseas de los gusanos.
Para que yo escuchara los crujidos descompuestos del mundo
y mordiera la luz petrificada de los astros,
al oeste de mi sueño levantaste tu tienda, ángel falso.

Los que unidos por una misma corriente de agua me veis,
los que atados por una traición y la caída de una estrella me
    escucháis,
acogeos a las voces abandonadas de las ruinas.
Oíd la lentitud de una piedra que se dobla hacia la muerte.

No os soltéis de las manos.

Hay arañas que agonizan sin nido
y yedras que al contacto de un hombro se incendian y llueven
    sangre.
La luna transparenta el esqueleto de los lagartos.
Si os acordáis del cielo,
la cólera del frío se erguirá aguda en los cardos
o en el disimulo de las zanjas que estrangulan
el único descanso de las auroras: las aves.
Quienes piensen en los vivos verán moldes de arcilla
habitados por ángeles infieles, infatigables:
los ángeles sonámbulos que gradúan las órbitas de la fatiga.

¿Para qué seguir andando?

Las humedades son íntimas de los vidrios en punta
y después de un mal sueño la escarcha despierta clavos
o tijeras capaces de helar el luto de los cuervos.

Todo ha terminado.
Puedes envanecerte, en la cauda marchita de los cometas que
     se hunden,
de que mataste a un muerto,
de que diste a una sombra la longitud desvelada del llanto,
de que asfixiaste el estertor de las capas atmosféricas.

LOS ÁNGELES DE LAS RUINAS

Pero por fin llegó el día, la hora de las palas y los cubos.
No esperaba la luz que se vinieran abajo los minutos
porque distraía en el mar la nostalgia terrestre de los ahogados.
Nadie esperaba que los cielos amanecieran de esparto
ni que los ángeles ahuyentaran sobre los hombres astros de
cardenillo.

Los trajes no esperaban tan pronto la emigración de los
cuerpos.
Por un alba navegable huía la aridez de los lechos.

Se habla de la bencina,
de las catástrofes que causan los olvidos inexplicables.
Se murmura en el cielo de la traición de la rosa.
Yo comento con mi alma el contrabando de la pólvora,
a la izquierda del cadáver de un ruiseñor amigo mío.
No os acerquéis.

Nunca pensasteis que vuestra sombra volvería a la sombra
cuando una bala de revólver hiriera mi silencio.
Pero al fin llegó ese segundo,
disfrazado de noche que espera un epitafio.
La cal viva es el fondo que mueve la proyección de los
muertos.

Os he dicho que no os acerquéis.

Os he pedido un poco de distancia:
la mínima para comprender un sueño
y un hastío sin rumbo haga estallar las flores y las calderas.

La luna era muy tierna antes de los atropellos
y solía descender a los hornos por las chimeneas de las fábri-
    cas.
Ahora fallece impura en un mapa imprevisto de petróleo,
asistida por un ángel que le acelera la agonía.
Hombres de cinc, alquitrán y plomo la olvidan.

Se olvidan hombres de brea y fango
que sus buques y sus trenes,
a vista de pájaro,
son ya en medio del mundo una mancha de aceite,
limitada de cruces por todas partes.
Se han olvidado.

Como yo, como todos.
Y nadie espera ya la llegada del expreso,
la visita oficial de la luz a los mares necesitados,
la resurrección de las voces en los ecos que se calcinan.

LOS ÁNGELES MUERTOS

Buscad, buscadlos:
en el insomnio de las cañerías olvidadas,
en los cauces interrumpidos por el silencio de las basuras.
No lejos de los charcos incapaces de guardar una nube,
unos ojos perdidos,
una sortija rota
o una estrella pisoteada.

Porque yo los he visto:
en esos escombros momentáneos que aparecen en las neblinas.
Porque yo los he tocado:
en el destierro de un ladrillo difunto,
venido a la nada desde una torre o un carro.
Nunca más allá de las chimeneas que se derrumban
ni de esas hojas tenaces que se estampan en los zapatos.
En todo esto.
Mas en esas astillas vagabundas que se consumen sin fuego,
en esas ausencias hundidas que sufren los muebles desven-
        cijados,
no a mucha distancia de los nombres y signos que se enfrían
        en las paredes.

Buscad, buscadlos:
debajo de la gota de cera que sepulta la palabra de un libro
o la firma de uno de esos rincones de cartas
que trae rodando el polvo.
Cerca del casco perdido de una botella,

de una suela extraviada en la nieve,
de una navaja de afeitar abandonada al borde de un pre-
cipicio.

LOS ÁNGELES FEOS

VOSOTROS habéis sido,
vosotros que dormís en el vaho sin suerte de los pantanos
para que el alba más desgraciada os reanime en una gloria de
    estiércol,
vosotros habéis sido la causa de este viaje.

Ni un solo pájaro es capaz de beber en un alma
cuando sin haberlo querido un cielo se entrecruza con otro
y una piedra cualquiera levanta a un astro una calumnia.

Ved.

La luna cae mordida por el ácido nítrico
en las charcas donde el amoníaco aprieta la codicia de los ala-
    cranes.
Si os atrevéis a dar un paso,
sabrán los siglos venideros que la bondad de las aguas es apa-
    rente
cuantas más hoyas y lodos ocultan los paisajes.
La lluvia me persigue atirantando cordeles.
Será lo más seguro que un hombre se convierta en estopa.

Mirad esto:
ha sido un falso testimonio decir que una soga al cuello no es
    agradable
y que el excremento de la golondrina exalta al mes de mayo.
Pero yo os digo:

una rosa es más rosa habitada por las orugas
que sobre la nieve marchita de esta luna de quince años.

Mirad esto también, antes que demos sepultura al viaje:
cuando una sombra se entrecoge las uñas en las bisagras de
    las puertas
o el pie helado de un ángel sufre el insomnio fijo de una
    piedra,
mi alma sin saberlo se perfecciona.

Al fin ya vamos a hundirnos.
Es hora de que me dierais la mano
y me arañarais la poca luz que coge un agujero al cerrarse
y me matarais esta mala palabra que voy a pinchar sobre las
    tierras que se derriten.

EL ÁNGEL SUPERVIVIENTE

ACORDAOS.
La nieve traía gotas de lacre, de plomo derretido
y disimulos de niña que ha dado muerte a un cisne.
Una mano enguantada, la dispersión de la luz y el lento asesi-
    nato.
La derrota del cielo, un amigo.

Acordaos de aquel día, acordaos
y no olvidéis que la sorpresa paralizó el pulso y el color de los
    astros.
En el frío, murieron dos fantasmas.
Por un ave, tres anillos de oro
fueron hallados y enterrados en la escarcha.
La última voz de un hombre ensangrentó el viento.
Todos los ángeles perdieron la vida.
Menos uno, herido, alicortado.

SERMONES Y MORADAS

[1929-1930]

SERMÓN DE LAS CUATRO VERDADES

En frío, voy a revelaros lo que es un sótano por dentro.

*Aquellos que al bucear a oscuras por una estancia no hayan derri-
bado un objeto, tropezado contra una sombra o un mueble; o
al atornillar una bujía, sentido en lo más íntimo de las uñas
el arañazo eléctrico e instantáneo de otra alma, que se suelden
con dos balas de piedra o plomo los oídos.*

*Huyan los que ignoran el chirriar de una sierra contra un clavo o
el desconsuelo de una colilla pisada entre las soldaduras de
las losas.*

*Permanezcan impasibles sobre los nudos de las maderas todos los
que hayan oído, tocado y visto.*

Van a saber lo que es un sótano por dentro.

La primera verdad es ésta:

No pudo aquel hombre sumergir sus fantasmas, porque siempre hay cielos reacios a que las superficies inexploradas
revelen su secreto.

La mala idea de Dios la adivina una estrella en seguida.

Yo os aconsejo que no miréis al mar cuando es enfriado por el engrudo y papeles de estraza absorben los esqueletos de las algas.

Para un espíritu perseguido, los peces eran sólo una espina que se combaba al contacto de un grito de socorro o cuando las arenas de las costas, fundidas con el aceite hirviendo, volaban a cauterizar las espaldas del hombre.

No le habléis, desnudo como está, asediado por tres vahos nocturnos que le ahogan: uno amarillo, otro ceniza, otro negro.

Atended. Ésta es su voz:

—Mi alma está picada por el cangrejo de pinzas y compases candentes, mordida por las ratas y vigilada día y noche por el cuervo.

Ayudadme a cavar una ola, hasta que mis manos se conviertan en raíces y de mi cuerpo broten hojas y alas.

Alguna vez mis ascendientes predijeron que yo sería un árbol solo en medio del mar, si la ira inocente de un rey no lo hubiera inundado de harina y cabelleras de almagra no azotaran la agonía de los navegantes.

Ya podéis envaneceros de la derrota de aquel hombre que anduvo por el océano endurecido para ahogar sus fantasmas y sólo consiguió que los moluscos se le adhirieran a la sangre y las algas más venenosas le chuparan los ojos cuando la libertad rempujaba hacia él, corneándole desde el demonio más alto de los rompehielos.

La segunda verdad es ésta:

Una estrella diluida en un vaso de agua devuelve a los ojos el color de las ortigas o del ácido prúsico.

Pero para los que perdieron la vista en un cielo de vacaciones, lo mejor es que extiendan la mano y comprueben la temperatura de las lluvias.

Al que me está leyendo o escuchando, pido una sola sílaba de misericordia si sabe lo que es el roce incesante de una mano contra las púas mohosas de un cepillo.

También le suplico una dosis mínima de cloruro de sodio para morder los dedos que aún sienten en sus venas la nostalgia del estallido último de un sueño: el cráneo diminuto de las aves.

He aquí al hombre.

Loco de tacto, arrastra cal de las paredes entre las uñas, y su nombre y apellidos, rayados con fuego, desde los vértices de los pulmones hasta las proximidades oscuras de las ingles.

No le toquéis, ardiendo como está, asediado por millones de manos que ansían pulsarlo todo.

Escuchadle. Ésta es su voz:

—Mi alma es sólo un cuerpo que fallece por fundirse y rozarse con los objetos vivos y difuntos.

En mi cuerpo hubiera habitado un alma, si su sangre no le llevara, desde el primer día que la luz se dio cuenta de su inutilidad en el mundo, a sumergirse en los contactos sin eco: como el de una pierna dormida, contra la lana sórdida de un cobertor o un traje.

Voy a revelaros un asombro que hará transparentar a los espulgabueyes el pétreo caparazón de las tortugas y los galápagos:

El hombre sin ojos sabe que las espaldas de los muertos padecen de insomnio porque las tablas de los pinos son demasiado suaves para soportar la acometida nocturna de diez alcayatas candentes.

Si no os parece mal, decid a ese niño que desde el escalón más bajo de los zaguanes pisotea las hormigas, que su cabeza pende a la altura de una mano sin rumbo y que nunca olvide que en el excremento de las aves se hallan contenidas la oscuridad del infinito y la boca de lobo.

La tercera verdad es ésta:

Para delicia de aquel hombre a punto de morder las candelas heladas que moldean los cuerpos sumergidos por el Espíritu Santo en el sulfuro de los volcanes, la agonía lenta de su enemigo se le apareció entre el légamo inmóvil de una tinaja muerta de frío en un patio.

Vais a hacerme un favor, antes de que estallen las soldaduras de los tubos y vuestras lenguas sean de tricalcina, yodoformo o palo de escoba: electrizad las puertas y amarrad a la cola del gato una lata de petróleo para que la muchedumbre de los ratones no cuente a la penumbra de las despensas la conversión de unas manos en cilicios ante el horror de unos ojos parpadeantes.

102

Y como en las superficies sin rosas siempre se desaniman cascotes y ladrillos que dificultan la pureza de las alpargatas que sostienen el aburrimiento, el mal humor y cansancio del hombre, idlos aproximando cuidadosamente al filo de aquella concavidad limosa donde las burbujas agonizantes se suceden de segundo en segundo.

Porque no existe nada más saludable para la arcilla que madura la muerte como la postrera contemplación de un círculo en ruina.

Yo os prevengo, quebrantaniños y mujeres beodos que aceleráis las explosiones de los planetas y los osarios, yo os prevengo que cuando el alma de mi enemigo hecha bala de cañón perfore la Tierra y su cuerpo ignorante renazca en la torpeza del topo o en el hálito acre y amarillo que desprende la saliva seca del mulo, comenzará la perfección de los cielos.

Entre tanto, gritad bien fuerte a esa multitud de esqueletos violentadores de cerraduras y tabiques, que aún no sube a la mano izquierda del hombre la sangre suficiente para estrangular bajo el limo una garganta casi desposeída ya del don entrecortado de la agonía.

La cuarta y última verdad es ésta:

Cuando los escabeles son mordidos por las sombras y unos pies poco seguros intentan comprobar si en los rincones donde el polvo se desilusiona sin huellas las telarañas han dado sepultura a la avaricia del mosquito, sobre el silencio húmedo y cóncavo de las bodegas se persiguen los diez ecos que desprende el cadáver de un hombre al chocar contra una superficie demasiado refractaria a la luz.

Es muy sabido que a las oscuridades sin compañía bajan en busca de su cuerpo los que atacados por la rabia olvidaron que la corrupción de los cielos tuvo lugar la misma noche en que el vinagre invadió los toneles y descompuso las colchas de las vírgenes.

No abandonéis a aquel que os jura que cuando un difunto se emborracha en la Tierra su alma le imita en el Paraíso.

Pero la de aquel hombre que yace entre las duelas comidas y los aros mohosos de los barriles abandonados, se desespera en el fermento de las vides más agrias y grita en la rebosadura de los vinos impuros.

Escuchad. Ésta es su voz:

—Mi casa era un saco de arpillera, inservible hasta para remendar el agujero que abre una calumnia en la órbita intacta de una estrella inocente.

No asustaros si os afirmo que yo, espíritu y alma de ese muerto beodo, huía por las noches de mi fardo para desangrarme las espaldas contra las puntas calizas de los quicios oscuros.

Bien poco importa a la acidez de los mostos descompuestos que mi alegría se consuma a lo largo de las maderas en las fermentaciones más tristes que tan sólo causan la muerte al hormigón anónimo que trafica con su grano de orujo.

En frío, ya sabéis lo que es un sótano por dentro.

ADIÓS A LAS LUCES PERDIDAS

Si es el silbido de un muchacho lo que hace iluminarse las ra-
        mas
y revivir de sueño esos balcones creados de improviso por
        una golondrina para que los instrumenten los aires,
los aires enterrados en las arpas que las lloviznas hacen saltar
        de pronto,
deja tú que mi muerte se despida despacio de los cielos que se
        buscan y no se encuentran.
¿Quién me engañó encendiendo su alma a esas alturas donde
        las voces tienen ya el aleteo de un ave sumergida?
Estas noches se hunden con el arrepentimiento de haber sido
        las inventoras de los fantasmas helados.
Decidme adiós casi tres veces desde los lugares más oscuros.
Es lo único que pido.
Porque yo no me acuerdo bien si a ti te conocí debajo del
        agua,
si a ésta la despertó el choque de una piedra contra las herra-
        duras de los caballos
o si a aquélla le dieron la vida los espejos que recogen el frío
        de esos ojos que se deshacen.
Olvido,
olvido y lágrimas para las luces que se creen ya perdidas defi-
        nitivamente.

SE HAN IDO

Son las hojas,
las hojas derrotadas por un abuso de querer ser eternas,
de no querer pensar durante un espacio de seis lunas en lo que
    es un desierto,
de no querer saber lo que es la insistencia de una gota de agua
    sobre un cráneo desnudo clavado a la intemperie.
Pueden sobrevenirnos otras desgracias.
¿A cuántos estamos hoy?

Se barren y amontonan con los huesos que no adquirieron en
    la vida la propiedad de una tumba.

Yo sé que te lastimo,
que ya no hay ámbito para huir,
que la sangre de mis venas ha sufrido un arrebato de humo.
Tú tenías los ojos amarillos y ahora ya no puedes comprender
    claramente lo que son las cenizas.

No estamos.
Éramos esto o aquello.

SIN MÁS REMEDIO

TENÍA yo que salir de la tierra,
la tierra tenía que escupirme de una vez para siempre como un
    hijo bastardo,
como un hijo temido a quien no esperan nunca reconocer las
    ciudades.
Había que llorar hasta mover los trenes y trastornar a gritos
    las horas de las mareas,
dando al cielo motivo para abandonarse a una pena sin lluvia.
Había que expatriarse involuntariamente,
dejar ciertas alcobas,
ciertos ecos,
ciertos ojos vacíos.

Ya voy.

Tenías tú que vivir más de una media vida sin conocer las vo-
    ces que ya llegan pasadas por el mundo,
más aislado que el frío de una torre encargada de iluminar el
    rumbo de las aves perdidas,
sobre el mar que te influye hasta hacerte saladas las palabras.
Tú tenías a la fuerza que haber nacido solo y sufrido sin glo-
    ria para decirme:

Hace ya treinta años que ni leo los periódicos: mañana hará
    buen tiempo.

MORADA DEL ALMA ENCARCELADA

¿Qué me decís de las mazmorras inundadas de tinta corrompida, donde la furia de un formón enloquecido resquebraja el remordimiento?

A veces, las lloviznas más distantes de unos ojos sin cuencas para recoger una nube y el olvido de esas hojas que se destierran a sí mismas para ocultar a un pájaro recién muerto, son las causas de estas caídas.

Amigo, en las cárceles involuntarias, los tribunales de la tormenta son excesivamente severos: ni unas esposas para que los muros no sufran el envite de una conciencia desesperada, ni una cuña de plomo para que unos labios no conversen con su propia sangre.

Mientras tanto, ¿qué es lo que piensas tú, alma remordida de un empalado vivo?

—¡Esas islas, esas islas que el agua de las lluvias ha ido infiltrando noche a noche en el desierto de estos cinco tabiques!

YO ANDUVE TODA UNA NOCHE CON LOS OJOS CERRADOS

Se moría la vía láctea por dormir una hora tan sólo sobre
   los trigos,
una hora siquiera para olvidar tanto camino derramado,
tanto último eco de almas anónimas de héroes recuperadas
   por el aire.
Ya sé salvarme a ciegas de esas torres que han de preguntar al
   alba por el origen de mi cuna.
Soy ése,
ese mismo que sigue la ruta aérea de su sangre sin querer abrir
   los ojos.
Nacen pájaros que corren el peligro de estrellarse contra los
   astros más próximos.

Mis pies han demostrado que si hay piedras en el cielo son
   casi inofensivas
allí donde las manos escogen para reposo la penumbra de las
   guitarras
y los cabellos recuerdan todavía el llanto de los sauces cuando
   fallecen los ríos.
Mañana me oiréis afirmar que aún existen alturas donde los
   oídos perciben el rastro de una hoja muerta diez siglos
   antes y ese nombre velado que flota en el descenso de las
   voces desaparecidas.
Ya a mí no me hace falta para nada comprobar la redondez
   de la Tierra.

ESPANTAPÁJAROS

YA en mi alma pesaban de tal modo los muertos futuros
que no podía andar ni un solo paso sin que las piedras revela-
ran sus entrañas.
¿Qué gritan y defienden esos trajes retorcidos por las exhala-
ciones?
Sangran ojos de mulos cruzados de escalofríos.
Se hace imposible el cielo entre tantas tumbas anegadas de se-
tas corrompidas.

¿Adónde ir con las ansias de los que han de morirse?
La noche se desploma por un exceso de equipaje secreto.
Alabad a la chispa que electrocuta las huestes y los rebaños.
Un hombre y una vaca perdidos.

¿Qué nuevas desventuras esperan a las hojas para este otoño?
Mi alma no puede ya con tanto cargamento sin destino.
El sueño para preservarse de las lluvias intenta una alquería.
Anteanoche no aullaron ya las lobas.

¿Qué espero rodeado de muertos al filo de una madrugada
indecisa?

SERMÓN DE LA SANGRE

Me llama, me grita, me advierte, me despeña y me alza, hace de mi cabeza un yunque en medio de las olas, un despiadado yunque contra quien deshacerse zumbando.

Hay que tomar el tren, le urge. No lo hay. Salió. Y ahora me dice que ella misma lo hizo volar al alba, desaparecer íntegro ante un amanecer de toros desangrándose a la boca de un túnel.

Sé que estoy en la edad de obedecerla, de ir detrás de su voz que atraviesa desde la hoja helada de los trigos hasta el pico del ave que nunca pudo tomar tierra y aguarda que los cielos se hagan cuarzo algún día para al fin detenerse un solo instante.

La edad terrible de violentar con ella las puertas más cerradas, los años más hundidos por los que hay que descender a tientas, siempre con el temor de perder una mano o de quedar sujeto por un pie a la última rendija, esa que filtra un gas que deja ciego y hace oír la caída del agua en otro mundo, la edad terrible está presente, ha llegado con ella, y la sirvo:

mientras me humilla, me levanta, me inunda, me desquicia, me seca, me abandona, me hace correr de nuevo, y yo no sé llamarla de otro modo:

Mi sangre.

111

ESE CABALLO ARDIENDO POR LAS ARBOLEDAS PERDIDAS

ELEGÍA A FERNANDO VILLALÓN
(1881-1930)

Se ha comprobado el horror de unos zapatos rígidos contra
la última tabla de un cajón destinado a limitar por espacio de poco tiempo la invasión de la tierra,
de esa segunda tierra que sólo habla del cielo por lo que oye a
las raíces,
de esa que sólo sale a recoger la luz cuando es herida por los
picos,
cortada por las palas
o requerida por las uñas de esas fieras y pájaros que prefieren
que el sueño de los muertos haga caer la luna sobre hoyos
de sangre.
Dejad las azoteas,
evitad los portazos y el llanto de ese niño para quien las ropas
de los rincones son fantasmas movibles.
¿Tú qué sabes de esto,
de lo que sucede cuando sobre los hombros más duros se dobla una cabeza y de un clavo en penumbra se desprende
el ay más empolvado de una guitarra en olvido?
¿A ti qué te importa que de un álamo a otro salte un estoque
solitario o que una banderilla de fuego haga volar la orilla izquierda de un arroyo y petrifique el grito de los alca-
ravanes?
Estas cosas yo sólo las comprendo
y más aún a las once y veinte de la mañana.

Parece que fue ayer.

112

Y es que éste fue uno de los enterrados con el reloj de plata en
  el bolsillo bajo del chaleco,
para que a la una en punto desaparecieran las islas,
para que a las dos en punto a los toros más negros se les vol-
  viera blanca la cabeza,
para que a las tres en punto una bala de plomo perforara la
  hostia solitaria expuesta en la custodia de una iglesia perdida en el cruce de dos veredas: una camino de un prostí-
  bulo y otra de un balneario de aguas minerales
(y el reloj sobre el muerto),
para que a las cuatro en punto la crecida del río colgara de
  una caña el esqueleto de un pez aferrado al pernil de un
  pantalón perteneciente a un marino extranjero,
para que a las cinco en punto un sapo extraviado entre las
  legumbres de una huerta fuera partido en dos por la entrada imprevista de una rueda de coche volcado en la
  cuneta,
para que a las seis en punto las vacas abortadas corrieran a estrellarse contra el furgón de cola de los trenes expresos,
para que a las siete en punto los hombres de las esquinas apu-
  ñalaran a esa muchacha ebria que por la puerta falsa sale
  a arrojar al centro de la calle cáscaras de mariscos y huesos de aceitunas
(y el reloj sobre el muerto),
para que a las ocho en punto cinco gatos con las orejas corta-
  das volcaran el vinagre y los espejos de los pasillos se
  agrietaran de angustia,
para que a las nueve en punto en la arena desierta de las pla-
  zas una mano invisible subrayara el lugar donde a las
  cuatro y siete de la tarde había de ser cogido de muerte
  un banderillero,
para que a las diez en punto por los corredores sin luz a una
  mujer llorosa se le apagaran las cerillas y al noroeste de
  un islote perdido un barco carbonero viera pasar los ojos
  de todos los ahogados

(y el reloj sobre el muerto),
para que a las once en punto dos amigos situados en distintos
   lugares de la tierra se equivocaran de domicilio y murie-
   ran de un tiro en el escalón décimonono de una escalera,
y para que a las doce en punto a mí se me paralizara la sangre
   y con los párpados vueltos me encontrara de súbito en
   una cisterna alumbrada tan sólo por los fuegos fatuos que
   desprenden los fémures de un niño sepultado junto a la
   veta caliza de una piedra excavada a más de quince metros bajo el·nivel del mar.

¡Eh, eh!

Por aquí se sale a los planetas desiertos,
a las charcas amarillentas donde hechas humo flotan las palabras heladas que nunca pudo articular la lengua de los
   vivos.
Aquí se desesperan los ecos más inmóviles.
He perdido mi jaca.
Pero es que yo vengo de la puertas a medio entornar,
de las habitaciones oscuras donde a media voz se sortean los
   crímenes más tristes,
de esos desvanes donde las manos se entumecen al encontrar
   de pronto el origen del desfallecimiento de toda una familia.
Sí,
pero yo he perdido mi jaca
y mi cuerpo anda buscándome por el sudoeste
y hoy llega el tren con dos mil años de retraso
y yo no sé quién ha quemado estos olivos.

Adiós.

ADIÓS A LA SANGRE

Yo me decía adiós llorando en los andenes.
Sujetadme,
sujetad a mi sangre,
paredes,
muros que la veláis y que la separáis de otras sangres que
    duermen.
¿Yo me decía adiós porque iba hacia la muerte?

Ahora,
cuando yo diga *ahora*,
haced que el fuego y los astros que iban a caer se hielen.
Que yo no diga nunca esa palabra en los trenes.

Porque,
escuchad:
¿es vuestra sangre la que grita al hundirse en el agua con los
    puentes?

SERMÓN DE LOS RAYOS Y LOS
RELÁMPAGOS

Tú que pierdes el color de los cielos en comprobar la justeza
de un tornillo, la exactitud de una llave o la blancura
exaltada que adquieren los aisladores junto a las golon-
drinas, disuélvete, disuélvete por esta sola noche en el
humo de la chimeneas que se disparan y oculta lo que has
visto sobre el sosiego petrificado de los mundos: la luna
de los grandes centros fabriles va a hundirse para siempre
en los altos hornos de una compañía metalúrgica.

La ciudad que conoce la precipitación de la sangre hacia el
ocaso de las coronas, se inclina del lado izquierdo de la
muerte.

¡A ver!

Todas las afueras de un alma son ya ataúdes para los astros
que en un segundo de lejanía prefirieron achicharrarse los
rostros a revivir la última pulsación del Universo en el
arrebato frío de las espadas.

¡Oh, oh!

Porque las arterias de un orbe electrocutado corren sin com-
postura y las comunicaciones transangélicas sufren la parálisis de los vientos, asómate a los túneles y grita aquella
fórmula química que contiene la consunción de un espíritu puro en el calambre repentino de un relámpago.

¡Ah, eres tú, joven demonio de las chispas!

Yo ignoraba que los resplandores polares traían la ceguera y
que el mundo necesitaba soldadura cuando ha visto los
cielos devorados por las concavidades terrestres.

¿Para qué componer lo que ha roto la cólera de los cometas
en el instante en que las muchedumbres desamparadas de
las fábricas huían por un río de aguarrás hacia las explosiones de los barcos?

Verdaderamente, no me conozco: la electricidad corre por mi
esqueleto y la sangre me sabe a cataclismo.

He olvidado mi nombre.

Si no fuera por la supervivencia de esas sombras que regulan
los silbidos de las dínamos, podíais decir que mi cuerpo
era un anuncio luminoso, parpadeante sobre la noche
céntrica de la muerte.

HALLAZGOS EN LA NIEVE

Se distrajo la luna en esa hora cuando los cielos más impresionables buscan a los niños perdidos.

En las huellas de los lobos se oían lágrimas y corazones recientes.

Un lirio agonizante preguntaba por la inocencia de las palomas.

La llovizna había olvidado el color de la nieve.

Dame un poco de ese agua que depositan los látigos dormidos en las orejas de los perros.

Faltan aún quince ayes y doce escalofríos.

Tienes tiempo de explicarme el origen de las llanuras y la pena de los bosques cuando se acuerdan del viento.

Escucha.

Mi muerte es necesaria para que los pinos den aire,
para que los cazadores furtivos no sufran la nostalgia de sus escopetas,
para que los cristales de tu alcoba se deshielen en un lloro de álamos.

Asesíname.
Hojas de otro hemisferio vendrán algún día a buscarme.

Ved el cuchillo helado para mondar las naranjas,
el rifle y el puñal para la ira del oso y la fuga del reno.

Una lata de conservas siempre hace más frío el frío de un esqueleto.

Abandóname.

Ya sólo falta un ay para que me llore tu patria.

EL MURO

AHORA que pensábamos descorrer las paredes,
abrir las puertas adonde el mar se tumba sin compromiso,
oír como al otro lado de un pozo la última pisada de un hijo
   de familia.
Los que ignoran están lejos.
¿Eres tú quien se mueve?
Ir libres,
ir,
que habíamos quemado la mala pólvora que corría por la
   sangre,
cerrar los ojos,
cerrarlos a las cartas que nos llegan después de haber dormido,
ya tarde,
cayéndose a ese ámbito de letras desunidas que cavan los se-
   gundos,
ahora,
ahora que pensábamos todo esto,
que creíamos lo otro...

Quien se mueve,
respira,
no se mueve,
no respira,
se aleja del alcance de una mano en delirio,
que hace falta,
que es muy necesario,

120

mucha falta que se acerque,
urgente,
que yo me mueva,
respire,
no se mueva,
no respire,
se aleje,
me aleje.

Salen oscuras,
siguen ciegas,
a golpes con la noche y con los campos,
desorientadas por los trenes,
salen por mí a buscarme de una aldea sin gente,
de un pueblo hoy sin recursos,
de una ciudad que apaga a tiros sus faroles.
Van a perderse.
Un niño se extravía por el frío y encuentra el mar en vez de
    una liebre,
un muchacho se escapa de su casa y siempre se tropieza con
    sus paredes,
un hombre baja por tabaco y en la segunda esquina le hiela su
    cigarro la muerte.
Tres calles largas salen a buscarme.
No estoy.

DOS NIÑOS

1

YA tú nada. más esperas la aparición de esos resortes ocultos
que se abren a los delgados pasillos donde la luz se desalienta
     al presentir la muerte.
¿No se asustará el cielo de lo prematuro de tu viaje?
Te lo pregunta un alma que todavía le importa un poco la
     tierra.

Esos delgados pasillos que desembocan al invierno de un
     patio,
¿no congelan el ansia de eternidad que silba por tu sangre?
El tragaluz que se angustia sin vidrio para absorber la pena
     de una nube,
¿no paraliza en tus párpados el deseo de las horas sin orillas?
Es pronto,
demasiado pronto para que un niño se abandone a las som-
     bras.

2

BIEN se ve que la noche le considera un muchacho distinto
del que en el día se ahoga en una gota de agua.
¿Qué sabe la golondrina del insomnio del buho?

Por caridad,
matadle sin que la aurora lo adivine.

122

Ha dejado su cabeza olvidada entre dos alambres.
Ha gritado su corazón para que los ecos se le volvieran en
    contra.
Preguntad por sus manos a las agujas que se pierden en los
    lechos.

¿Adónde va ese niño que equivoca las esquinas?

FRAGMENTOS DE UN DESEO

...Aquí, cuando el aire traiciona la rectitud de los lirios,
es condenado a muerte por un remolino de agua.
No es sombra de amargura la que adelantan los árboles hacia
    el ocaso.
Te informará de esto el guardabosque que costean los fríos.

Si en tu país una ilusión se pierde a lo largo de los calores,
en el mío las nieves te ayudarán a encontrarla.
Si la huella de un zapato no dispone de tiempo para dormir a
    una violeta.
aquí entretiene su vida en recoger el ciclo de las lluvias.
Es triste,
muy triste saber que una mano estampada en el polvo
dura menos que el recorrido que abre una hoja al morirse.

¿No te apenan esos hilos que desfallecen de pronto contra tus
    mejillas
cuando despobladas de nubes se hielan en los estanques?

ELEGÍAS

1. — La pena de los jarros sin agua caídos en el destierro de los objetos difuntos.
2. — La noticia del crimen de la noche, abandonada entre cardos, muelles rotos y latones viejos.
3. — La botella que no se rompió al caer y vive con el gollete clavado en los oasis de las basuras.
4. — La venda rota de una herida, arrastrada por las hormigas de las tres de la tarde.
5. — Esos chorros de agua de carbón que desvelan el sueño boquiabierto de los túneles.
6. — El moscón que se clava de cabeza en la espina de un cardo.
7. — La caja vacía de cerillas junto al excremento de los caballos.

MORADA DEL ALMA QUE ESPERA LA PAZ

Los cielos alacranados de aquel siglo impedían el advenimiento de las nuevas palomas.

El rencor se exaltaba en la cal excrementicia de los más viejos palomares.

Un alba gritó: ¡la guerra!

El odio y la enajenación de una rosa escupida por un río en los cauces de las cloacas insepultas, van a poneros en contacto con las corrientes eléctricas de aquellos días.

Al cerrarse un pestillo, la noche gritó: ¡muerte!

Y la luna, que hasta entonces los astrónomos habían calculado yerta, abrió su boca por tres lustros para vomitar sangre: sobre las espumas verdes de la envidia, sobre los charcos amarillentos de la ira, sobre los paredones rojos levantados por la cólera.

Sangre sobresaltada, amor, de un prejuicio que ya creíamos difunto.

Yo golpeo fríamente la belleza elemental de la Tierra consumida por la lava y brindo por la devastación absoluta de los astros.

Heridme a mí, heridme porque soy el único hombre capaz de hacer frente a un batallón de ángeles.

Pero ya no existen: los carbonicé a todos en un momento de hastío.

Soy inmortal: no tengo quien me hiera.

Y ahora me aburro ante las posturas desesperadas de los muertos que sueñan inútilmente con la resurrección de la carne.

Mas he aquí la paloma 948.

ELEGÍA A GARCILASO

(LUNA 1503-1536)

...Antes de tiempo y casi en flor cortada.

G. DE LA V.

HUBIERAIS visto llorar sangre a las yedras cuando el agua
  más triste se pasó toda una noche velando a un yelmo ya
  sin alma,
a un yelmo moribundo sobre una rosa nacida en el vaho que
  duerme los espejos de los castillos
a esa hora en que los nardos más secos se acuerdan de su vida
al ver que las violetas difuntas abandonan sus cajas y los laúdes se ahogan por arrullarse a sí mismos.
Es verdad que los fosos inventaron el sueño y los fantasmas.
  Yo no sé lo que mira en las almenas esa inmóvil armadu-
  ra vacía.

¿Cómo hay luces que decretan tan pronto la agonía de las espadas
si piensan en que un lirio es vigilado por hojas que duran mucho más tiempo?
Vivir poco y llorando es el sino de la nieve que equivoca su
  ruta.

En el sur siempre es cortada casi en flor el ave fría.

ESTÁIS SORDOS

Siento que andan las islas,
que la tierra se asombra de sentirme otro hombre tan distinto
    al que impuso a sus huéspedes la pena de matarle día
    a día.
Las costas que están tristes de no viajar nunca y nacieron de
    espaldas al mundo por no verlo ni oírlo,
acostadas de pena saben que se van lejos,
sienten que me llevan muy lejos sin saber ni mi nombre
ni el número de veces que fui odiado y querido por los mis-
    mos que a estas horas en hueco tendrán que recordarme,
que zaherirme,
al encontrar mis huellas en ese insulto dicho casi sin ganas,
en aquel proyecto nunca llevado a cabo
o en aquella pasión mantenida hasta el límite donde tan sólo
    un paso más da una sima de sangre.
Amigos,
¿no sentís cómo andan las islas?
¿No oís que voy muy lejos?
¿No veis que ya voy a doblar hacia esas corrientes que se en-
    tran lentísimas en la inmovilidad de los mares sin olas y
    los cielos paralizados?
Oigo el llanto del Globo que quisiera seguirme y gira hasta
    quedarse mucho más fijo que al principio,
tan borrado en su eje que hasta los astros menos rebeldes
    transitan por su órbita.
¿No oís que oigo su llanto?

Siento que andan las islas.

LEJOS, ALLÁ

Es incomprensible que todas las ruedas dentadas, colmilludas, que mueven los fríos magnéticos de los aires desesperados, giren tan solo para que una melancolía disculpable se precipite seriamente por los resbaladeros de una noche sin salida.

Allá, ¿quién es ese que me aguarda para invitarme a comer en uno de los mejores restoranes del Paraíso? Allá, donde las lluvias comentan con el descenso de las hojas lo injusto que es a veces el viento para el vilano que pretende ascender hasta la astronomía.

Tampoco saben explicarme el porqué de esas cargas y esos codazos que las luces que yo creí más buenas reservan tan solo para la interrupción del sosiego difícil de un espíritu caído en desgracia.

Lejos, ¿quién es ese que me aguarda para invitarme a pasear por uno de los mejores bulevares del Paraíso? Lejos, donde los cristales más opacos comentan con las aguas más turbias lo injustas que suelen ser las auroras para los ojos vertiginosos del condenado a muerte.

YA ES ASÍ

Cada vez más caído,
más distante de las superficies castigadas por los pies de los
    combatientes
o más lejos de los que apoyándose en voz baja sobre mis
    hombros quisieran retenerme como pedazo vacilante de
    tierra.
Veo mi sangre a un lado de mi cuerpo,
fuera de él precipitarse como un vértigo frío.
Y esta lengua,
esta garganta constituida ya para ahogar ese poco de agua
    que se oye siempre en todos los adioses,
esta lengua y esta garganta me hacen pesado el mundo,
huir y enmudecer antes de tiempo.

Allá abajo,
perdido en esa luz que me trata lo mismo que a un muerto
    más entre las tumbas,
junto al peligro de los nombres que se pulverizan,
con la lejana tristeza del que no pudo hablar de sus viajes,
a derecha e izquierda de los demasiado solos te espero.

YO ERA UN TONTO
Y LO QUE HE VISTO
ME HA HECHO
DOS TONTOS

[1929]

CITA TRISTE DE CHARLOT

Mi corbata, mis guantes.
Mis guantes, mi corbata.

La mariposa ignora la muerte de los sastres,
la derrota del mar por los escaparates.
Mi edad, señores, 900.000 años.
¡Oh!

Era yo un niño cuando los peces no nadaban,
cuando las ocas no decían misa
ni el caracol embestía al gato.
Juguemos al ratón y al gato, señorita.

Lo más triste, caballero, un reloj:
las 11, las 12, la 1, las 2.

A las tres en punto morirá un transeúnte.
Tú, luna, no te asustes,
tú, luna, de los taxis retrasados,
luna de hollín de los bomberos.

La ciudad está ardiendo por el cielo,
un traje igual al mío se hastía por el campo.
Mi edad, de pronto, 25 años.

Es que nieva, que nieva,
y mi cuerpo se vuelve choza de madera.

Yo te invito al descanso, viento.
Muy tarde es ya para cenar estrellas.

Pero podemos bailar, árbol perdido.
Un vals para los lobos,
para el sueño de la gallina sin las uñas del zorro.

Se me ha extraviado el bastón.
Es muy triste pensarlo solo por el mundo.
¡Mi bastón!

Mi sombrero, mis puños,
mis guantes, mis zapatos.

El hueso que más duele, amor mío, es el reloj:
las 11, las 12, la 1, las 2.

Las 3 en punto.
En la farmacia se evapora un cadáver desnudo.

HAROLD LLOYD, ESTUDIANTE

(POEMA REPRESENTABLE)

¿TIENE usted el paraguas?
Avez-vous le parapluie?

No, señor, no tengo el paraguas.
Non, monsieur, je n'ai pas le parapluie.

Alicia, tengo el hipopótamo.
l'hippopotame para ti.
Avez-vous le parapluie?

Oui.
Yes.
Sí.

Que, cual, quien, cuyo.
Si la lagarta es amiga mía,
evidentemente el escarabajo es amigo tuyo.
¿Fuiste tú la que tuvo la culpa de la lluvia?
Tú no tuviste nunca la culpa de la lluvia.
Alicia, Alicia, yo fui,
yo que estudio por ti
y por esta mosca inconsciente, ruiseñor de mis gafas en flor.

29, 28, 27, 26, 25, 24, 23, 22.
$2\pi r$, $\pi r2$
y se convirtió en mulo Nabucodonosor
y tu alma y la mía en un ave real del Paraíso.

Ya los peces no cantan en el Nilo.
ni la luna se pone para las dalias del Ganges.

Alicia,
¿por qué me amas con ese aire tan triste de cocodrilo
y esa pena profunda de ecuación de segundo grado?

Le printemps pleut sur Les Anges.

La primavera llueve sobre Los Ángeles
en esa triste hora en que la policía
ignora el suicidio de los triángulos isósceles
mas la melancolía de un logaritmo neperiano
y el unibusquibusque facial.

En esa triste hora en que la luna viene a ser casi igual
a la desgracia integral
de este amor mío multiplicado por X
y a las alas de la tarde que se dobla sobre una flor de aceti-
    leno
o una golondrina de gas.

De este puro amor mío tan delicadamente idiota.
Quousque tandem abutere Catilina patientia nostra?

Tan dulce y deliberadamente idiota,
capaz de hacer llorar a la cuadratura del círculo
y obligar a ese tonto de D. Nequaqua Schmit a subastar pú-
    blicamente esas estrellas propiedad de los ríos
y esos ojos azules que me abren los rascacielos.

¡Alicia, Alicia, amor mío!
¡Alicia, Alicia, cabra mía!
Sígueme por el aire en bicicleta,
aunque la policía no sepa astronomía,
la policía secreta.

Aunque la policía ignore que un soneto
consta de dos cuartetos
y dos tercetos.

BUSTER KEATON BUSCA
POR EL BOSQUE A SU NOVIA,
QUE ES UNA VERDADERA VACA

(POEMA REPRESENTABLE)

1, 2, 3 y 4.
En estas cuatro huellas no caben mis zapatos.
Si en estas cuatro huellas no caben mis zapatos,
¿de quién son estas cuatro huellas?
¿De un tiburón,
de un elefante recién nacido o de un pato?
¿De una pulga o de una codorniz?

(Pi, pi, pi.)

¡Georginaaaaaaaa!
¿Dónde estás?
¡Que no te oigo, Georgina!
¿Qué pensarán de mí los bigotes de tu papá?

(Paapááááá.)

¡Georginaaaaaaaaa!
¿Estás o no estás?

Abeto, ¿dónde está?
Alisio, ¿dónde está?
Pinsapo, ¿dónde está?

¿Georgina pasó por aquí?

(Pi, pi, pi, pi.)

Ha pasado a la una comiendo yerbas.
Cucú,
el cuervo la iba engañando con una flor de reseda.
Cuacuá,
la lechuza con una rata muerta.

¡Señores, perdonadme, pero me urge llorar!
(Guá, guá, guá.)

¡Georgina!
Ahora que te faltaba un solo cuerno
para doctorarte en la verdaderamente útil carrera de ciclista
y adquirir una gorra de cartero.

(Cri, cri, cri, cri.)

Hasta los grillos se apiadan de mí
y me acompaña en mi dolor la garrapata.
Compadécete del smoking que te busca y te llora entre los
    aguaceros
y del sombrero hongo que tiernamente
te presiente de mata en mata.

¡Georginaaaaaaaaaaaaaaaaaa!

(Maaaaaaa.)

¿Eres una dulce niña o eres una verdadera vaca?
Mi corazón siempre me dijo que eras una verdadera vaca.
Tu papá, que eras una dulce niña.
Mi corazón, que eras una verdadera vaca.
Una dulce niña.
Una verdadera vaca.

Una niña.
Una vaca.
¿Una niña o una vaca?
O ¿una niña y una vaca?
Yo nunca supe nada.

                    Adiós, Georgina.
                              (¡Pum!)

EN EL DÍA DE SU MUERTE
A MANO ARMADA

DECIDME de una vez si no fue alegre todo aquello.
5 x 5 entonces no eran todavía 25
ni el alba había pensado en la negra existencia de los malos
    cuchillos.

Yo te juro a la luna no ser cocinero,
Tú me juras a la luna no ser cocinera,
él nos jura a la luna no ser siquiera humo de tan tristísima
    cocina.

¿Quién ha muerto?

La oca está arrepentida de ser pato,
el gorrión de ser profesor de lengua china,
el gallo de ser hombre,
yo de tener talento y admirar lo desgraciada
que suele ser en el invierno la suela de un zapato.

A una reina se le ha perdido su corona,
a un presidente de república su sombrero,
a mí...

             Creo que a mí no se me ha perdido nada.
             que a mí nunca se me ha perdido nada,
             que a mí...

                 ¿Qué quiere decir buenos días?

HARRY LANGDON
HACE POR PRIMERA VEZ
EL AMOR A UNA NIÑA

Verdaderamente
no hay nada tan bonito como un ramo de flores
cuando la cabra ha olvidado en él sus negras bolitas.
¿Me habré dado yo cuenta de que no hay nada tan bonito
    como un ramo de flores
y sobre todo si la cabra ha olvidado en él una o más bolitas?

Verdaderamente
no hay nada tan hermoso como estar enamorado
y más aún si un gorrión se le posa a otro gorrión en un ojo.
¿Me habré dado yo cuenta de que no hay nada tan hermoso
    como estar enamorado
y más aún si un gorrión se le posa a uno o más gorriones en
    un ojo?

¿Qué significa que en mi hombro se enjuaguen los dientes los
    angelitos
y que la luna no me parezca la más mínima expresión de un
    pescado?

A mi mamá le importa bastante poco que llueva.
Tan sólo le preocupa
que mi tierno gabán no se me duerma
sobre la copa de un árbol.
Pero es que entonces me parece que soy un niño muy desgra-
    ciado
y que me falta una pierna.

Buenas noches, Mary, María.
Juraría yo también que todavía eres tú demasiado niña
para comprender que el relente da calor a los grillos
y que sin embargo deforma los sombreros de paja.

Yo no puedo aconsejarte que me preguntes cuántos balcones
    tiene mi casa
ni si mi bicicleta es una bicicleta alquilada
ni si tomo el tranvía por un lado distinto al de todo el
    mundo.
Pero habrás comprendido que estos 16 o 17 pajaritos muer-
    tos son tuyos.

¡Oooooooooooooooh!
¡Se me ha roto el pantalóóóóóóóóón!
Good night, Mary.

TELEGRAMA DE LUISA FAZENDA
A BEBE DANIELS
Y HAROLD LLOYD

DECIDIDA mostrar le cul et les jambes aux soldats
acepto empleo fino marimacho
imprudente viento me confundió ayer cabra
río
gafas enamoradas
y amoroso saltamontes escote
risa ombligo
cadera tierno pellizco
parir
pienso parir burro delicado y feo niño
domino luna y francés.

NOTICIARIO DE UN COLEGIAL
MELANCÓLICO

Nominativo: la nieve.
Genitivo : de la nieve.
Dativo   : a o para la nieve.
Acusativo : a la nieve.
Vocativo : ¡oh la nieve!
Ablativo : con la nieve
            de la nieve
            en la nieve
            por la nieve
            sin la nieve
            sobre la nieve
            tras la nieve

    La luna tras la nieve

Y estos pronombres personales extraviados por el río
y esta conjugación tristísima perdida entre los árboles.

Buster Keaton

A RAFAEL ALBERTI LE PREOCUPA
MUCHO ESE PERRO
QUE CASUALMENTE
HACE SU PEQUEÑA NECESIDAD
CONTRA LA LUNA

> FILADELFIA.
> *¿Comiste perrito novia?*
> *Sueño ángel acatarrado*
> *encomienda alma sombrero*
> *nació niña cara piano cola*
> *muerte segura.*
>
> HARRY LANGDON.
> (Telegrama de Harry Langdon a Ben Turpin)
>
> R. A.

No es que yo crea en la muerte prematura de las preciosas
    corbatas
ni en el sepelio con sacerdote de los gatos más anónimos
ni en esa pena lacia que manifiesta un árbol cuando se queda
    sin novio.

Yo quisiera sentir mucho no poder acordarme.

Sé que en aquellos tiempos habitaban mis cejas las cucarachas
    y todo un campamento de húngaros mis orejas.
¿He olvidado que mis axilas eran un pozo de hormigas
y que en mi ombligo solía dormir una cabra?

Mariquita, dame candela.

Para un tierno becerro preocupado
no existe nada tan bonito
como hacerle entender que ya las vacas frecuentan algo me-
    nos la escuela.
Me gustaría decir que esta desgracia me la participó un tío
    mío.

148

Mariquita,
¿eres tú ese grave disgusto sin importancia que me espera?

Ahora resulta que yo no siento nada la clausura de los cole-
    gios,
porque si mi dulce amor de entonces era un sinónimo de esco-
    ba, hoy es algo así como ese perro que estalla en la carre-
    tera.

¿Os parece poco motivo para estar serio?

LARRY SEMON EXPLICA
A STAN LAUREL Y OLIVER HARDY
EL TELEGRAMA QUE
HARRY LANGDON DIRIGIÓ
A BEN TURPIN

ANGELITO constipado cielo.
Pienso alas moscas horrorizado
y en dolor tiernas orejitas alondras campos.

Cielo constipado angelito.
Nunca supe nada sepelio niños
y sí pura ascensión cuellos pajaritas.

Angelito cielo constipado.
Preguntad por mí a saliva desconsolada suelo
y a triste y solitaria colilla.

También yo he muerto.

LARRY SEMON

STAN LAUREL Y OLIVER HARDY
ROMPEN SIN GANAS
75 O 76 AUTOMÓVILES
Y LUEGO AFIRMAN
QUE DE TODO TUVO LA CULPA
UNA CÁSCARA DE PLÁTANO

(POEMA REPRESENTABLE)

ME sorprende que la ley seca haya decretado el arrenda-
   miento
por hora de casi todos los guardias
*porque yo quisiera saber quién inventó ese orgullo que le entra al
   chocolate cuando se acuerda de la harina lacteada.*
Y es que a mí me preocupan mucho el silencio y la astronomía y la velocidad de un caballo parado
y la inmovilidad de los trenes expresos que predicen la futura
   muerte de los tranvías
mas es que tú viniste al mundo con un sombrero muy preocupado.
Síííííí.
Yo me acuerdo regularmente de mi abuelita materna
cuando un cuervo destruía las torres
y tú de desayuno te comías 144 clavos + 18 tachuelas
*y es que a ti te jubilaron de chofer porque ignorabas todas las ciu-
   dades de la izquierda.*
Me parece que voy a tener que llorar.
*Me parece que yo voy a tener que llorar porque esta madrugada
   una farola de gas asesinó mi bicicleta.*
NOS PARECE QUE VAMOS A TENER QUE LLORAR
y mi alma científicamente preocupada sabe que la elaboración
   del cacao a vapor adelanta muy poco con llorar,
*porque yo suelo llorar casi siempre 12 o 13 veces al día
y ahora resulta que se me han pasado las ganas de merendar.*
Me parece que se nos han pasado las ganas de merendar,

de llorar,
de merendar,
de llorar y merendar
o de merendar y llorar.
NOS PARECE QUE YA NO VAMOS A TENER NUNCA GANAS DE LLO-
RAR NI DE MERENDAR.
Y es que yo quisiera morirme porque estoy muy enamorado
y es que yo me enternezco muchísimo cuando veo un policía vestido
de pajarito blanco
y yo estoy muy enamorado y tú te enterneces muchísimo
cuando ves un policía vestido de pajarito blanco
y es que padeces el gravísimo error de confundir
la comisaría con una frutería cuando yo me quiero morir.

Dime tú seriamente si yo me quiero morir.

WALLACE BEERY, BOMBERO,
ES DESTITUIDO DE SU CARGO
POR NO DAR CON LA DEBIDA
URGENCIA LA VOZ DE ALARMA

ME parece que estoy pensando que no existe en el mundo
    nada tan melancólico
como el serio atractivo que ofrece un par de botas
para el monstruo que tiene que tragarse de un golpe el timbre
    del teléfono.
Se me han carbonizado las orejas,
y lo que yo digo es que estoy seguro
de que los pequeñísimos botones de mi gorra me llaman mori-
    bundos
entre los escombros del piso séptimo.

Debiendo hacer calor hace frío.
Es que creo que la manta de mi cama calienta al ascensor.
¡Y toda esta catástrofe por tu culpa, amor mío!

Yo no falto a la autoridad si confieso
que mi uniforme no se halla en el lugar del siniestro.
No, no.
Y lo que yo digo es que no y que no.
Mi verdadera vida se halla expuesta
en la mesilla de noche.

Y esto, amor mío, es un peligro que nunca tuvo respuesta.

No, no.
Que lo que yo diría es que sí y que no.
Y esto, amor mío, lo sabéis tú y el agua mejor que yo.

¡Agua, agua, bomberos!
¿Qué van a pensar de mí los periódicos de mañana?
¿Qué, qué, cómo?
Repítalo.
            ¡Ah, sí!
                    ¡¡¡Fuego!!!

FIVE O'CLOCK TEA

PASE usted primero,
beso a usted la mano,
de ningún modo,
de ninguna manera.

Comtesse:
Votre coeur es un pájaro,
un tierno pajarito prisionero en la jaula del pecho,
que suspira de amor por un dulce bigote apasionado,
porque j'aime,
tu aimes,
il aime,
si olvidasteis que el mar es como un fondo neutro para
        el *flirt*,
si no fuera incorrecto hablaros de la orificada tortilla
y comparar vuestro traje color de vino
con un rubí derretido.

Encantado,
encantada,
todos estamos encantados,
conmovidos,
gracias,
de nada.

¿Cree usted seriamente que la filosofía es como un cigarrillo
o unos pantalones de golf?

Champignon,
poil de carrotte
pommes de terre.

El aire está demasiado puro para mandaros a la merde.
Y yo, madame, demasiado aburrido.

Adieu.

CHARLES BOWER, INVENTOR

La defunción ante mi chaleco de los más poéticos
    bosques
y la dispersión en bandada de los bellísimos crepúsculos,
más la delicadísima luna y los tristísimos ruiseñores.
¿Por qué este muerto escoge para inclinarse la izquierda
y este otro prefiere la derecha?
Pero a ti te calificaremos de encina.
Mas tú careces de apellido.
Y este quisiera llamarse Carlos,
pero difunto ciprés.
¿Suspira usted por el trébol de cuatro hojas y los airecillos
    balsámicos?

Madame,
voici la poésie:
serrín.

Daría por resultado la más hermosa fábrica de palillos de
    dientes.
Odette,
Mañana me caso.

Ralladuras muelas cocodrilo
y ojitos verdes ocas electrocutadas;
saliva policía rabioso,
mas consejo ingerir reloj
y vomitar anillo

poca importancia agua.
Un kilo tiene 10 metros.
Un metro vale 20 litros.

Resuelto totalmente el grave problema que acongoja a los
ultramarinos.

Huevos irrompibles.

El polo negativo no puede ser ni mucho menos igual que
el positivo
para la creación de un fantasma.
De la urgente necesidad de asustar a los niños
y del deber que tiene un ingeniero de espantar a todo trance
las hadas.

Aisladores,
latones viejos y muelles rotos de las camas.
Y tantísimos otros quebraderos científicos, Odette mía,
para morir airadamente y a manos de una sardina.

Mecánica.
Amor.
Poesía.
¡Oh!

CHARLES BOWER.
Difunto inventor..

CON LOS ZAPATOS PUESTOS TENGO QUE MORIR

(ELEGÍA CÍVICA)

[1.º de enero de 1930]

Será en ese momento cuando los caballos sin ojos se desgarren las tibias contra los hierros en punta de una valla de sillas indignadas junto a los adoquines de cualquier calle recién absorta en la locura.

Vuelvo a cagarme por última vez en todos vuestros muertos
en este mismo instante en que las armaduras se desploman en la casa del rey,
en que los hombres más ilustres se miran a las ingles sin encontrar en ellas la solución a las desesperadas órdenes de la sangre.

Antonio se rebela contra la agonía de su padrastro moribundo.

Tú eres el responsable de que el yodo haga llegar al cielo el grito de las bocas sin dientes,
de las bocas abiertas por el odio instantáneo de un revólver o un sable.

Yo sólo contaba con dos encías para bendecirte,
pero ahora en mi cuerpo han estallado 27 para vomitar en tu garganta y hacerte más difíciles los estertores.

¿No hay quien se atreva a arrancarme de un manotazo las vendas de estas heridas y a saltarme los ojos con los dedos?

Nadie sería tan buen amigo mío,
nadie sabría que así se escupe a Dios en las nubes
ni que mujeres recién paridas claman en su favor sobre el vaho descompuesto de las aguas

161

mientras que alguien disfrazado de luz rocía de dinamita las
mieses y los rebaños.

En ti reconocemos a Arturo.

Ira desde la aguja de los pararrayos hasta las uñas más renco-
rosas de las patas traseras de cualquier piojo agonizante
entre las púas de un peine hallado al atardecer en un ba-
surero.
Ira secreta en el pico del grajo que desentierra las pupilas sin
mundo de los cadáveres.
Aquella mano se rebela contra la frente tiernísima de la que le
hizo comprender el agrado que siente un niño al ser cir-
cuncidado por su cocinera con un vidrio roto.
Acércate y sabrás la alegría recóndita que siente el palo que se
parte contra el hueso que sirve de tapa a tus ideas difuntas.
Ira hasta en los hilos más miserables de un pañuelo descuarti-
zado por las ratas.
Hoy sí que nos importa saber a cuántos estamos hoy.

Creemos que te llamas Aurelio y que tus ojos de asco los he-
mos visto derramarse sobre una muchedumbre de ranas
en cualquier plaza pública.
¿No eres tú acaso ese que esperan las ciudades empapeladas
de saliva y de odio?
Cien mil balcones candentes se arrojan de improviso sobre los
pueblos desordenados.
Ayer no se sabía aún el rencor que las tejas y las cornisas
guardan hacia las flores,
hacia las cabezas peladas de los curas sifilíticos,
hacia los obreros que desconocen ese lugar donde las pisto-
las se hastían aguardando la presión repentina de unos
dedos.

Oíd el alba de las manos arriba,
el alba de las náuseas y los lechos desbaratados,
de la consunción de la parálisis progresiva del mundo y la ar-
teriosclerosis del cielo.
No creáis que el cólera morbo,
la viruela negra,
el vómito amarillo,
la blenorragia,
las hemorroides,
los orzuelos y la gota serena me preocupan en este amanecer
del sol como un inmenso testículo de sangre.
En mí reconoceréis tranquilamente a ese hombre que dispara
sin importarle la postura que su adversario herido escoge
para la muerte.
Unos cuerpos se derrumban hacia la derecha y otros hacia la
izquierda,
pero el mío sabe que el centro es el punto que marca la mitad
de la luz y la sombra.
Veré agujerearse mi chaqueta con alegría.
¿Soy yo ese mismo que hace unos momentos se cagaba en la
madre del que parió las tinieblas?
Nadie quiere enterrar a este arcángel sin patria.

Nosotros lloramos en ti esa estrella que a las dos en punto de
la tarde tiene que desprenderse sin un grito para que una
muchedumbre de tacones haga brotar su sangre en las
alamedas futuras.

Hay muertos conocidos que se orinan en los muertos desco-
nocidos,
almas desconocidas que violan a las almas conocidas.
A aquel le entreabren los ojos a la fuerza para que el ácido
úrico le queme las pupilas y vea levantarse su pasado
como una tromba extática de moscas palúdicas.
Y a todo esto el día se ha parado insensiblemente.

163

Y la ola primera pasa el espíritu del que me traicionó valién-
dose de una gota de lacre
y la ola segunda pasa la mano del que me asesinó poniendo como disculpa la cuerda de una guitarra
y la ola tercera pasa los dientes del que me llamó hijo de zo-
rra para que al volver la cabeza una bala perdida le per-
mitiera al aire entrar y salir por mis oídos
y la ola cuarta pasa los muslos que me oprimieron en el instante de los chancros y las orquitis
y la ola quinta pasa las callosidades más enconadas de los pies
que me pisotearon con el único fin de que mi lengua perforara hasta las raíces de esas plantas que se originan en
el hígado descompuesto de un caballo a medio enterrar
y la ola sexta pasa el cuero cabelludo de aquel que me hizo
vomitar el alma por las axilas
y la ola séptima no pasa nada
y la ola octava no pasa nada
y la ola novena no pasa nada
ni la décima
ni la undécima
ni la duodécima...

Pero estos zapatos abandonados en el frío de las charcas son
el signo evidente de que el aire aún recibe el cuerpo de los
hombres que de pie y sin aviso se doblaron del lado de la
muerte.

ÍNDICE

SERMONES Y MORADAS
(1929-1930)

YO ERA UN TONTO Y LO QUE HE VISTO
ME HA HECHO DOS TONTOS
(1929)

CON LOS ZAPATOS PUESTOS
TENGO QUE MORIR
(*Elegía cívica*)
(1.º de enero de 1930)

Impreso en el mes de junio de 1978
en I. G. Seix y Barral Hnos., S. A.
Avda. J. Antonio, 134-138
Esplugues de Llobregat
(Barcelona)